Hastalık Hastası

Hastalık Hastası

Sertifika No: 10614

ISBN: 978-975-10-0579-3

08 09 10 11 12 11 10 9 8 7 6 5

Baskı
İNKILÂP KİTABEVİ BASKI TESİSLERİ

İNKILÂP
Çobançeşme Mah. Sanayi Cad. Altay Sk. No. 8
34196 Yenibosna - İstanbul
Tel : (0212) 496 11 11 (Pbx)
Faks : (0212) 496 11 12
posta@inkilap.com
www.inkilap.com

MOLIÈRE

HASTALIK HASTASI

(Le Malade Imaginaire)

Komedi, 3 perde - 1 Ara oyun

Dilimize çeviren:

Lûtfi Ay

İNKILÂP

İNKILÂP KİTABEVİ
DÜNYA KLÂSİKLERİ DİZİSİ

Diziyi yöneten:
Lûtfi AY

Bu dizide yayınlanmış olan eserler:

KSENOPHON Anabasis

VOLTAIRE Felsefe Sözlüğü I-II

Hastalık Hastası *(Le Malade Imaginaire) ilk kez 10 Şubat 1673 de, Paris'te, Palais - Royal Tiyatrosu'nda, Molière yönetimindeki Kralın Oyun Topluluğu tarafından sahneye konulmuş, başrol Argan'ı Molière oynamış, müziğini Marc - Antoine Charpentier bestelemiştir.*

MOLIÈRE ve BİZ

Ölümünün 300. yıldönümünde, 1973 de, Fransa'da yapılan bir araştırma sonucuna göre, Molière dünyada en çok tanınan, bilinen dört fransızdan biridir; öbür üçü de Napolyon'la Jeanne d'Arc ve... Brigitte Bardot.

Doğrusu, ününün ne denli yaygın olduğunu belirtmek için, Molière'i ortak yönü olmıyan başka ünlülerle yanyana getirmeğe hiç gerek yoktu. Çünkü, dünya tiyatrosunun en çok tanınan, bilinen ve halâ da sık sık oynanan iki büyük yazarından biri Shakespeare ise öbürünün Molière olduğu herkesin kabul ettiği bir gerçektir. Comédie - Française arşivlerine göre Molière'in komedileri, ölümünden bu yana, sağlığında, kendi tiyatrosunda oynandığından çok daha fazla oynanmıştır: 1658 - 80 arası, 22 yılda 2095 temsile karşılık, 1680 - 1972 arası, 292 yılda 29800 temsil[1]; hem sadece Comédie - Française'de. / Bu sayıların yıllık ortalamaları hesaplanırsa, ölümünden sonra verilen temsillerin yıllık ortalaması, sağlığında verilmiş temsillerin yıllık ortalamasını aşıyor. / Bu da Molière'in, üç yüzyıldan beri aktüalitesini yitirmediğini, komedilerinin özündeki insancıl ve evrensel nitelikleri koruduğunu yeterince gösteriyor. Goethe boşuna dememiş: «Molière öylesine büyük ki her okuyuşumuzda bizi yeniden şaşkınlık içinde bırakıyor.»[2] Günümüzde de Roger Planchon: «Bu oyunu **(Georges Dandin)** seviyoruz, diyor, çünkü daha geçen ay yazılmıştır. Bizim için klâsik bir oyun yazarının tanımı budur.»[3]

Shakespeare insanoğlunun çeşitli tutkularını kimi zaman dehşet veren, kimi zaman göz kamaştıran tablolar

---

1) *Le Petit Molière;* s. 180 - XXII «Molière ve Eserleri»; Sylvie Chevalley'in saptadığı ilk oynanış tarihleri ve sayıları listesi. Guy Authier ve Comédie - Française yayını. Paris, 1973.

2) Aynı kitap, s. 4.

3) Aynı kitap, s. 262.

halinde çizmiştir. Molière ise zaaflarımızın, saplantılarımızın, hele bencilliğimizin bizi ne gülünç ve ne acınacak hallere düşürdüğünü, inceliği içinde sivri bir mizah ve hiciv gücüyle, gülerek, güldürerek göstermiş, çağının tutucu, çarpık düşüncelerine yılmadan, usanmadan saldırırken tek silah olarak da kahkahayı kullanmıştır. Ama bu kahkahanın gerisinde kimi zaman bir acılık, bir burukluk duyulur. Molière komedilerinin yer yer dram yüklü olması bundandır. Arnolphe'un, Orgon'un, Don Juan'ın, Alceste'in, Harpagon'un, Argan'ın seyirciyi yalnız güldürdüğü söylenemez.

Molière'in hem yazar, hem aktör olarak harcadığı çabaların - bugün bile yeterince üzerinde durulmıyan - en önemli yönü XVII. yüzyıl Fransa'sında, XIV. Louis'nin sarayını ve çevresini doldurup taşıran bir yığın boş kafalı, iki yüzlü, ama güçlü kişilerle, soyluluk ve kibarlık budalalarıyla, şarlatan hekimlerle, sahte din adamlarıyla, kadın haklarını tanımak şöyle dursun, onları Ortaçağ baskısı altında tutmıya, bir süs ve çıkar aracı gibi alıp vermeğe alışmış kocalar ve babalarla, mevki düşkünleriyle korkmadan savaşmış olmasıdır. Bu yüzden güçlülerin hışmına uğramış, büyük düşmanlıklarla karşılaşmıştır. **Kadınlar Mektebi** oynandıktan birkaç gün sonra dük de La Feuillade'ın Versailles sarayında ona nasıl saldırdığı, kendisini nezaketlle selâmlamak için önünde eğilen Molière'i ensesinden yakalayıp yüzünü elbisesinin düğmelerine sürterek: «Tarte à la crème! Tarte à la crème, Molière!»(1) diye nasıl hakaret ettiği unutulmamıştır. Çağdaş fransız tiyatrosunun en başarılı komedi yazarlarından biri olan André

---

1) Molière'in *Kadınlar Mektebi* (I, 1) ve *Kadınlar Mektebi'nin Tenkidi* (IV) adlı komedilerinde geçen ve birinci oyuna karşı düşmanlarının kopardığı yaygarada, Molière'in de onları gülünç düşürmek için yazdığı ikinci oyunda çok sözü edilen, sonradan edebi telmih haline gelen bir deyim. Düz anlamı: «kremalı pasta, çörek»; mecazi ve eski anlamı: «bataklık çukur» («Tarte bourbonnaise» - *Littré);* halk ağzı: «yumruk, tokat»; teklifsiz konuşmada (sıfat olarak): «çok tatsız, çirkin» *(Grand Larousse Encyclopédique).*

Roussin de bu çirkin saldırıyı unutamıyanlar arasındadır: «Molière gibi ünlü bir yazara, üstelik kralın değer verdiği bir sanatçıya yapılan bu hakaret iğrenç bir davranıştır. Onun için, ne denli şanlı, şatafatlı olursa olsun, o çağ benim gözümde bu davranışla lekelenmiştir. Böyle bir şeyin yapılabilmesi, yapılmış olması bir düzenin, bir toplumun ölçüsünü veriyor. Aynı soylu kişinin, kralına yaranmak için, Paris'teki Victoires meydanını Mansard'a[1] yaptırmış olması o çirkin davranışın utancından kendisini hiçbir şekilde kurtaramaz. Bir raslantı olarak ben de o meydanda oturduğum için Mansard'ı, o iğrenç dükü - ve de Molière'i - sık sık düşünüyorum ve onu, Molière'i, daha çok seviyorum[2].»

Doğrusunu söylemek gerekirse XIV. Louis'nin anlayışlı tutumu, sağduyuyu elden bırakmıyan koruması olmasa Molière'in bu düşmanlıklara dayanabilmesi, sanat yaşamını sürdürebilmesi, gelecek kuşaklara bıraktığı biribirinden güzel eserleri yaratabilmesi çok güç, belki de olanaksız olurdu. Zaten, önceleri birlikte çalıştığı besteci Lully'nin çevirdiği entrikalar sonucu kıral kendisiyle eskisi kadar ilgilenmemeye başladıktan sonra çok yaşamamıştır. Son eseri olan **Hastalık Hastası**'nın ilk temsili 10 Şubat 1673 akşamı Palais - Royal tiyatrosunda verilmiş, o sıralarda hasta olan Molière 17 Şubat 1673 akşamı, dördüncü temsilden sonra, ağırlaşmış, evine götürüldükten birkaç saat sonra da, 51 yaşında ölmüştür.

Öldüğü zaman, din adamları cenazesini kaldırmak istememişlerdir. Dört gün bekletilen cesedi, nihayet kralın emri ve Paris Başpiskoposunun özel izniyle, gece vakti üç papaz tarafından Saint - Joseph mezarlığına götürülmüş, ama dinsel tören yapılmadan, ölü doğan (vaftiz edilmemiş) çocuklara ayrılmış bir köşeye, adeta gizlice gömülmüştür.

★

1) Hardouin - Mansard (1646 - 1708). XIV. Louis ve krallık ailesi için planlarını çizip yaptırdığı şatolar, Paris'te düzenlediği zarif ve kapalı meydanlarla ünlü fransız mimarı.

2) *Le Petit Molière;* s. 262 - XXVIII «Molière ve Çağımız».

Molière'in bizim için önemi, yüz yirmi yıllık bir geçmişi olan tiyatromuzun ilk benimsediği büyük yazarlardan biri olmasıdır. Tanzimat döneminde Ahmet Vefik Paşa, Âli Bey, Teodor Kasap, Safvet Bey (Paşa) gibi[1] usta kalemlerin sahnemize kazandırdıkları çeviri ve uyarlamaları; Cumhuriyet döneminde de İstanbul Şehir Tiyatrosu ile Ankara Devlet Tiyatrosu'nun sahnelerine çıkardıkları, Millî Eğitim Bakanlığı'nın da dilimize çevirtip Klâsikler Serisinde yayımladığı hemen bütün bellibaşlı oyunları repertuvarımızda ve kitaplıklarımızda yer almıştır. Oyunlarından çoğunun, özellikle **Merakî (Le Malade Imaginaire), Zor Nikâhı (Le Mariage Forcé), Zoraki Tabip (Le Médecin Malgré Lui), Azarya** ve **Pinti Hamit (L'Avare), Yorgaki Dandini (Georges Dandin), İşkilli Memo (Sganarelle ou Le Cocu Imaginaire), Ayyar Hamza (Les Fourberies de Scapin)** uyarlamalarının İstibdat ve Meşrutiyet dönemlerinde, türlü biçimlerde, tuluat tiyatrolarımıza varıncaya kadar sahnelerimize yayılıp yerleşmesi; Cumhuriyet döneminden sonra da **Mürai (Tartuffe)**[2], **Cimri, Kibarlık Budalası, Gülünç Kibarlar, Kadınlar Mektebi, Scapin'in Dolapları** ve **Hastalık Hastası** gibi komedilerinin İstanbul ve Ankara'da, hatta İzmir ve Bursa'da sık sık oynanması, seyircimizin de Molière'i sevdiğini, eserlerinden zevk aldığını açıkca göstermektedir.

Bunun içindir ki basınımız ve tiyatrolarımız, ölümünün 300. yıldönümüne rastlayan 1973 yılı, bütün dünyada, «Molière Yılı» ilan edilince O'nu anmıya ayrı bir özen göstermişlerdir. **Milliyet** ve **Cumhuriyet** gazeteleri, bu vesileyle büyük yazarın hayatını, oyunlarının özelliklerini, düşünce yönünü belirten yazılara, sanat dergilerinde ve sayaflarında, geniş yer vermişlerdir. İstanbul Şehir Tiyatrosu

---

1) Bkz. Metin And.: *Tanzimat ve İstibdat Döneminde Türk Tiyatrosu 1839 - 1908;* II, 1 «Saray ve Çevresi» s. 26 - 29 Türkiye İş Bankası Kültür Yayınları - 118. Ankara, 1972.

2) *Mürai (Tartuffe)*, Seniha Rauf'la M. Kemal'in, 1930 da Darülbedayi'de oynanan ve başrollerde Behzat Butak'la (Tartuffe) M. Kemal'e (Orgon) gerçekleştirdikleri ilginç kompozisyonlarda büyük başarı kazandıran, uyarlamaları.

Merakî'yi yeniden sahnesine çıkarırken Devlet Tiyatrosu dört sahnesini birden ona ayırmıştır.

Devlet Tiyatrosu, yerinde bir davranışla, önce, tiyatromuza büyük emeği geçmiş, ilk Bölge, hatta Devlet Tiyatromuz diyebileceğimiz Bursa Tiyatrosu'nu kurmuş, Molière'i Türk seyircisine tanıtmış, güzel uyarlamalarıyla sahnemize ve dilimize kazandırmış olan Ahmet Vefik Paşa'yı (3 Temmuz 1823 de doğduğuna göre aynı yıla rastlayan) 150. doğum yıldönümü ile anmayı boynuna borç bilmiştir. Çok sevdiği Molière'in ölüm tarihini yüz elli yıllık bir ara ile izleyen bu doğum yıldönümünde; **Merakî** uyarlamasını, şimdi kendi adını taşıyan, Bursa Devlet Tiyatrosunda yeniden sahneye koymuş, böylelikle Ahmet Vefik Paşa'ya olduğu kadar Molière'e de ilk saygı duruşunu yapmıştır. Bunun ardından Haldun Taner'in, tiyatromuzun tarihine ışık tutan, Ahmet Vefik Paşa'yı, kurucusu olduğu Bursa Tiyatrosu'nun 1880 lerdeki ilk çalışmalarını sahneye çıkaran, bununla da kalmayarak ilk Molière çeviri ve uyarlamalarının tuluat sahnelerimize kadar nasıl yayıldığını gösteren, başarılı bir oyununu, **Sersem Kocanın Kurnaz Karısı**'nı, Küçük Tiyatro'da Ankara seyircisine tanıtmıştır. Daha sonra, Ahmet Vefik Paşa'nın yetiştirmesi Feraizcizade Mehmet Şakir'in Molière'den esinlenerek yazdığı (ve Cevdet Kudret'in yeniden düzenlediği) **Evhamî**'yi, Altındağ Tiyatrosu'nda, ilk kez sahneye çıkarmıştır. Son olarak da **Hastalık Hastası**'nı bu yeni çevirisinden, bizde ilk kez Molière geleneğine uygun yepyeni bir sahne düzeni, yeni dekor ve kostümler içinde önce Büyük Tiyatro'da, birkaç ay sonra da Uluslararası İstanbul Festivali'nde sergilemiştir.

★

Hastalık Hastası'nın, kâğıt darlığı yüzünden basımı geciken (ve oynanışından sekiz yıl sonra, ancak şimdi kitap halinde yayımlanabilen) bu yeni çevirisi, genç kuşakların daha kolay anlıyabilecekleri bir dille yapılmış, Molière'in metnine ve XVII. yüzyıl üslubuna bağlı kalınmakla birlikte, sahne ve konuşma dilinin gereklerine uyulmuş, bir önceki çevirisine[1], Tanzimat döneminde yapılmış

1) Milli Eğitim Bakanlığı'nın Klâsikler Serisi'nde yayımlanmış olan İsmail Hâmi Danişmend çevirisi (1943).

ilk uyarlamaların etkisiyle, sinmiş olan «osmanlı» edâ giderilmiş, gözden kaçan bazı anlam yanlışları düzeltilmiş[1], ayrıca, Argan'a hekimlik payesi verilen şarkılı, danslı tören sahnesi, uydurma lâtince ile karışık (üçüncü) Ara Oyunu metne eklenmiş, temsilde de oynanmıştır.

Devlet Tiyatrosu Molière'i 300. ölüm yıldönümünde en evrensel komedilerinden biriyle, olgunluk çağının son eseriyle anarken, bu anma temsilinin en iyi koşullar altında gerçekleşmesi için bütün olanaklarını kullanmıştır. **Hastalık Hastası,** Molière'i ve klâsik komedi üslubunu çok iyi bilen, tecrübeli, başarılı bir fransız rejisörünün, Roland Piétri'nin sadeliği, ağırbaşlılığı içinde canlı ve akıcı sahne düzeni; gene çok tecrübeli, zevkli bir fransız ressamının, Jean-Denis Malclès'in çizdiği zarif dekor ve kostümler içinde ve -rol dağıtımı listesinden anlaşılacağı gibi- seçkin sanatçıları biraraya getiren güçlü bir kadro ile oynanmıştır.

Yurdumuzda ilk kez Molière geleneğine, üslubuna uygun olarak, her türlü aşırılıktan titizlikle uzak kalınarak, klasik ölçüler içinde oynanmış olan bu **Hastalık Hastası** temsilleri yalnız Devlet Tiyatrosu için değil, tiyatro sanatımız için de önemli bir aşama olmuştur ve öyle anılacaktır.

Suadiye, 25 Ağustos 1981 **Lûtfi AY**

---

1) Özellikle II. Perde, V. Sahnede (Cléante'ın Angélique'le nasıl karşılaşıp tanıştıklarını anlattığı tirad).

K İ Ş İ L E R

(Sahneye giriş sırasiyle)

ARGAN, *hastalık hastası.*	**Cüneyt GÖKÇER**
TOINETTE, *hizmetçi.*	**Ayten GÖKÇER**
ANGELIQUE, *Argan'ın kızı, Cléante'ın sevgilisi.*	**Deniz GÖKÇER**
BELINE, *Argan'ın ikinci karısı.*	**Gülgün KUTLU**
MÖSYÖ BONNEFOI, *noter.*	**Zafer ERGİN**
CLEANTE, *Angélique'in sevgilisi.*	**Cihan ÜNAL**
MÖSYÖ DIAFOIRUS, *hekim.*	**Kerim AFŞAR**
THOMAS DIAFOIRUS, *oğlu ve Angélique'in sözlüsü.*	**Soner AĞIN**
LOUISON, *Argan'ın küçük kızı.*	**Arzu KETENOĞLU**
BERALDE, *Argan'ın erkek kardeşi.*	**Asuman KORAD**
MÖSYÖ FLEURANT, *eczacı.*	**Erdoğan GÖZE**
MÖSYÖ PURGON, *Argan'ın hekimi.*	**Muammer ESİ**

KORO: A. BAŞER - M. DEMOKAN - F. GÜR - A. ÖRSES - S. TAMER - G. BESİMOĞLU - A. ÖZBEN - A. ÖKTEM - K. AKARSU

Hastalık Hastası'*nın bu çevirisi ilk kez, Molière'in 300. ölüm yıldönümü münasebetiyle, Ankara Devlet Tiyatrosu'nda (Büyük Tiyatro'da), 13 Nisan 1973 akşamı, yukarıdaki rol dağıtımıyla oynanmıştır. Oyunu, Jean - Denis Malclès'in çizdiği, Erkan Kırtunç'la Hâle Eren'in Devlet Tiyatrosu atelyelerinde uygulayıp gerçekleştirdikleri dekor ve kostümler, M. - A. Charpentier'nin orijinal müziği ile, Roland Piétri sahneye koymuş, ışıkları Nuri Ozakyol yönetmiş, reji asistanlığını Ataman Özben yapmıştır.*

Hastalık Hastası :

I. Perde, II. Sahne. Argan (Cüneyt Gökçer) ile Toinette (Ayten Gökçer). Molière'in 300. ölüm yıldönümü münasebetiyle Ankara Devlet Tiyatrosu'nda (Büyük Tiyatro'da) verilen anma temsillerinden

BİRİNCİ PERDE

I. SAHNE

ARGAN

Argan, odasında yalnızdır, bir masanın başına oturmuş, eczacının hesap puslalarını, markalarla[1] *sayarak, incelemektedir. Bir yandan da kendi kendine konuşarak şunları söyler:*

Üç iki daha beş, beş daha on, on daha yirmi eder. Üç iki daha beş eder. «Ayrıca, ayın yirmi dördünde, Beyefendinin hassas bağırsaklarını yumuşatmak, nemlendirmek ve ferahlatmak için, kolaylaştırıcı, hazırlayıcı ve yumuşatıcı bir tenkiyecik[2].» Şu bizim eczacı Mösyö Fleurant'ın hoşuma giden tarafı da, hesap puslalarını nazik bir dille yazmasıdır. «Beyefendinin hassas bağırsakları, bir buçuk frank.» Evet ama, Mösyö Fleurant, herşey nezaketle bitmez, insaflı da olmalı, hastaların de-

---

1) XVII. Yüzyılda, okuma yazma bilmeyenlerin, hesap yapmak için, kullandıkları markalar («Jeton»lar). Genellikle aynı büyüklükte ve yuvarlak olan bu markaların üstünde çeşitli paraların değerleri yazılıydı. (2,5 santim, 5 santim, 25 santim, 50 santim, 1 frank, 5 frank, 10 frank, 20 frank gibi.)

2) Aslında «clystère» (Latince «clyster», Yunanca «Kluzein», yıkamak'tan) Bağırsakları temizlemek için yapılan lavman.

risini yüzmemeli. Bir lavman[1] için bir buçuk frank! Yoo, işte bunu kabul edemem, size daha önce de söylemiştim. Hem, öbür hesap puslalarında lavmanlar için bir frank koymuştunuz, bir frank da eczacı dilinde yarım frank demektir; işte size elli santim. «Gene, aynı gün, Beyefendinin Hypogastrium'unu[2] arıtmak, yıkamak ve temizlemek için, reçeteye uygun olarak, katmerli katolikon[3] ile râvend, gülbalı vesaireden hazırlanan, pirüpâk edici bir mükemmel tenkiye, bir buçuk frank.» Yani, müsaadenizle, elli santim.

«Gene aynı günün akşamı, Beyefendiye rahat bir uyku vermek için hazırlanan, müsekkin ve münevvim[4], aynı zamanda safrayı atıp çıkaran tatlı bir cüllâb[5], bir frank yetmiş beş santim.» Bak, buna bir diyeceğim yok, çünkü iyi uyuttu beni. Elli, yetmiş beş, seksen, seksen yedi buçuk santim. «Ayrıca, ayın yirmi beşinde, Beyefendinin safrasını çıkartıp

---

1) Aslında «lavement»; tenkiye'nin, XVII. yüzyılda «âdi» sayılan, bugünse sık sık kullanılan, karşılığı.

2) Alt karın; karnın aşağı bölümü (Yunanca «Hüpo», alt ve «gaster», karın'dan.)

3) Aslı «Catholicon» (Yunanca «Katkholikos»: «evrensel» kelimesinden.) Eskiden her derde deva olduğu sanılan «macunu yektâ»; ana maddesi râvend ile sinameki idi ve eski hekimlerce insan mizacını meydana getiren «ahlât-ı erbaa'yı» temizlediğine inanılırdı.

4) Rahatlık ve uyku veren.

5) Arapça aslı «cülâb» («Gül suyu» anlamına); eskiden karaciğer rahatsızltklarında kullanılan, aynı zamanda bağırsakları yumuşatan, şekerli bir şurup.

boşaltmak için, Mösyö Purgon'un reçetesine uygun olarak hazırlanan, taze Hind hıyarı, sinameki vesaire karışımı, mükemmel bir müshil ve kuvvet ilâcı, dört frank.» Yoo! Mösyö Fleurant, düpedüz alay etmek bu; hastaları soyup sovana çevirmemeli; hoş tutmalı, onların sayesinde de geçinip gitmeli. Bu ilaç için hesaba dört frank geçirmenizi de Mösyö Purgon yazmıyor ya reçetesinde. Hadi olsun olsun da üç frank olsun, lûtfedin de öyle yazın, yâni bir buçuk frank. «Gene aynı gün, beyefendiyi dinlendirmek için, sızıları gideren, hem pekleştirici, hem rahatlatıcı bir posyon[1] bir buçuk frank.» Pekâlâ, yetmiş beş santim. «Ayrıca, ayın yirmi altısında, Beyefendinin yellerini çıkartıp atmak için, gazları dağıtan bir tenkiye, bir buçuk frank.» Elli santim, Mösyö Fleurant. «Gene, aynı günün akşamı, yukarıdaki tenkiyenin tekrarı, bir buçuk frank.» Hayır, Mösyö Fleurant, elli santim. «Ayrıca, ayın yirmi yedisinde, Beyefendinin bir an önce helâya gidip bozuk ahlâtını[2] dışarıya atması için özel olarak hazırlanan nefis bir tertip, üç frank.» Tamam, işte bir buçuk frank: böyle insaflı olmanız hoşuma gidiyor. «Ayrıca, ayın yirmi sekizinde, Beyefendinin kanını temizlemek, tâdil etmek, hafifletmek ve serinletmek için bir içim arıtılmış şekerli kesilmiş süt suyu, bir frank.» Peki, ama elli santim. «Ayrıca, reçetesine göre, on iki buğday tanesi kadar panzehir taşı ile Kebbat limonu şuru-

---

1) Şurup.
2) Bkz. Sah. 14, Not: 3.

bu, nar vesaireden hazırlanan koruyucu, zindelik verici bir posyon kordiyal[1], beş frank.» Aman! ne yapıyorsunuz, Mösyö Fleurant, biraz yavaş, rica ederim! Böyle giderseniz, kimse hasta olmak istemez: dört franga razı olun ki iki frank alasınız. Üç, iki daha beş, beş daha on, on daha yirmi eder. Hepsi altmış üç frank, yirmi iki buçuk santim. Demek oluyor ki ben bu ay bir, iki, üç, dört, beş, altı, yedi ilaç almış; bir, iki, üç, dört, beş, altı, yedi, sekiz, dokuz, on, on bir, on iki de lavman yaptırmışım; geçen ay on iki ilaçla yirmi lavman vardı. Tevekkeli değil bu ay kendimi geçen ay kadar iyi hissetmiyorum. Mösyö Purgon'a söyliyeyim de bu işi bir düzene koysun. Hadi, kaldırın şunları bakayım. Hiçbiri ortada yok: istediğin kadar söyle, dinleyen kim! Hep böyle yalnız bırakırlar beni; burada tutmıya imkân yok ki bunları. *(Hizmetindekileri çağırmak için bir çıngırağı çalar.)* Duymazlar, bu çıngırağın da sesi çıkmıyor ki. Çıngır, çıngır, çıngır: boşuna. Çıngır, çıngır, çıngır: sağır olmuşlar. Toinette! Çıngır, çıngır, çıngır: çalsan da bir, çalmasan da. Vay köpek, vay! Vay, şıllık, vay! Çıngır, çıngır, çıngır: nerdeyse çıldıracağım, *(Artık çalmaz, bağırır.)* Çıngır, çıngır da çıngır, çıngır da çıngır! Cehennemin dibine gidesi, sürtük! Görülmüş şey mi bu, zavallı bir hastayı böyle bir başına bırakmak? Çıngır, çıngır da çıngır, çıngır: yazıklar olsun! Çıngır, çıngır da çıngır, çıngır: aman Allahım! ölsem kimsenin haberleri olmayacak. Çıngır, çıngır da çıngır, çıngır da çıngır.

1) Kuvvet Şurubu.

II. SAHNE

TOINETTE, ARGAN

TOINETTE, *Odaya girerek.*

Geliyoruz.

ARGAN

Ah, rezil köpek! Ah yelloz!...

TOINETTE, *Başını çarpmış gibi yaparak.*

Hay yerin dibine batsın bu aceleniz! İnsanın iki ayağını bir pabuca sokuyorsunuz, size yetişeyim diye pencerenin sivri köşesine çarptım başımı!...

ARGAN, *Öfkeyle*

Seni alçak, seni...

TOINETTE, *Sözünü kesip bağırmasına engel olmak için durmadan sızlanarak*

Ah!

ARGAN

Tam...

TOINETTE

Of!

ARGAN

Tam bir saattir...

TOINETTE

Aman,!

ARGAN

Beni yalnız bıraktın...

TOINETTE

Of!

ARGAN

Sus, edepsiz, sus da seni bir güzel haşlayayım.

TOINETTE

Oh ne alâ! haşlayın bakalım, bir bu eksikti zaten, başıma gelenlerden sonra...

ARGAN

Boğazım yırtıldı sana bağırmaktan, a sürtük!

TOINETTE

Benim de kafam deliniyordu az kalsın, size koşuşmaktan: ödeştik demektir; yani fit olduk.

ARGAN

Ne dedin, yüzsüz?

TOINETTE

Böyle azarlarsanız, ağlarım.

ARGAN

Bak şu haine; hem beni bırakıp gider...

TOINETTE, *Hep sözünü kesmek için.*

Ah!...

ARGAN

Hem de ağız açtırmaz, şirret...

TOINETTE

Of!

ARGAN

Şu hale bak! kaltağı azarlayıp öfkemizi de alamıyacağız demek!

TOINETTE

Azarlayın, içinizde ne varsa hepsini dökün, razıyım.

ARGAN

Bırakmıyorsun ki, a köpek, durmadan sözümü kesiyorsun.

TOINETTE

Siz, içiniz rahatlasın diye, beni haşlamaktan zevk alıyorsunuz; ben de ağlamaktan: herkesinki bir türlü, ne yapalım. Ah!

ARGAN

Anlaşıldı, buna da katlanacağız. Kaldır şunları şıllık, kaldır. *(Argan iskemlesinden kalkar[1])* Bugünkü lavmanım iyi işlemiş mi?

TOINETTE

Lavmanınız mı?

ARGAN

Evet. Safra çıkarmış mıyım?

TOINETTE

Doğrusunu isterseniz, ben bu işlere hiç karışmıyorum. Yararlanan Mösyö Fleurant olduğuna göre ona düşer böyle şeylere burnunu sokmak.

ARGAN

Birazdan öteki lavmanı da yaptıracağım, hazırda sıcak su bulundursunlar.

TOINETTE

Şu Mösyö Fleuran'la, Mösyö Purgon yok mu, sizin vücudunuzla oynamaktan adeta keyifleniyorlar; sağmal inek haline getirmişler sizi; onlara sormak isterdim, hastalığınız neymiş ki size bu kadar çok ilaç aldırtıyorlar.

ARGAN

Sus, cahil karı; doktorların emirnâmelerine karşı çıkmak senin ne haddine. Kızım Angéleque'i bana göndersinler, ona bir şey söyleyeceğim.

---

1) Argan'ın iskemlesi, oturaklı bir iskemle değildir ve oturağı dışardadır. Burada «Kaldır şunları» dediği üstünde hesap yaptığı masa ile markalardır.

TOINETTE

İşte, içinizden geçenleri bilmiş gibi, o da kendiliğinden buraya geliyor.

III. SAHNE

ANGELIQUE, TOINETTE, ARGAN

ARGAN

Gel, Angélique, gel kızım; tam zamanında geldin, ben de seninle konuşmak istiyordum.

ANGELIQUE

Buyurun, sizi dinliyorum, babacığım.

ARGAN, *Oturaklı iskemleye koşarak*

Dur biraz, dur. Bastonumu verin bana. Şimdi gelirim.

TOINETTE, *Alaya alarak*

Aman çabuk olun, Beyefendi, çabuk. Mösyö Fleurant'ın başımıza açmadığı bir bu oturak işi kalmıştı.

IV. SAHNE

ANGELIQUE, TOINETTE

ANGELIQUE, *Toinette'e üzgün üzgün bakarak, gizli bir şey söyler gibi.*

Toinette.

TOINETTE

Ne var?

ANGELIQUE

Yüzüme bak biraz.

TOINETTE

İşte! bakıyorum ya.

ANGELIQUE

Toinette.

TOINETTE

Anladık canım, «Toinette», «Toinette», peki, sonra?

ANGELIQUE

Aşk olsun, neden sözetmek istediğimi sezmiyor musun sanki?

TOINETTE

Sezmesine seziyorum: gene şu bizim sevdalı gençten sözetmek istiyorsunuz herhalde; zaten altı gündür hep ondan konuşuyoruz; saat başı onun lâfını etmezseniz rahat edemiyorsunuz:

ANGELIQUE

Peki, biliyorsun da ne diye benden önce ondan söz açmıyorsun, a hakikatsiz, evirip çevirip seni bu konuya getirmek zahmetinden beni niye kurtarmıyorsun?

TOINETTE

Vakit mi bırakıyorsunuz, a güzelim, lafı oraya getirmekten başka birşey düşündüğünüz yok ki sizden önce davranabileyim.

ANGELIQUE

Ne yalan söyleyeyim, sana ondan sözetmeğe doyamıyorum; kalbimi sana açmak için her fırsattan yararlanmaya can atıyorum. Ama söyle bana, Toinette, ona olan duygularım için beni ayıplamıyorsun ya?

TOINETTE

Ne haddime.

ANGELIQUE

Bu tatlı duygulara kendimi kaptırmakla hata mı ediyorum acaba?

TOINETTE

Öyle bir şey demedim.

ANGELIQUE

Benim için yanıp tutuştuğunu gösteren o döktüğü tatlı dillere, o ettiği vaatlere, yeminlere duygusuz mu kalmamı isterdin?

TOINETTE

Allah göstermesin!

ANGELIQUE

Söyle, Toinette, onunla tanışmamıza vesille olan o beklenmedik macerada sen de ilâhî bir şey görmüyor musun, kaderin bir cilvesi değil mi bu?

TOINETTE

Evet.

ANGELIQUE

Beni hiç tanımadığı halde koruyup savunması çok kibarca bir davranış, değil mi?

TOINETTE

Evet, öyle.

ANGELIQUE

Bundan daha mertçe bir hareket olabilir mi?

TOINETTE

Bence olamaz.

ANGELIQUE

Hem, bütün bunları nasıl yoluyle, yordamiyle yaptı, değil mi?

TOINETTE

Çok doğru.

ANGELIQUE

Sonra, yakışıklı bir delikanlı, sen öyle bulmuyor musun, Toinette?

TOINETTE

Hiç bulmaz olur muyum.

ANGELIQUE

Hali, tavrı ne kadar zarif, değil mi?

TOINETTE

Ona ne şüphe.

ANGELIQUE

Davranışlarında olduğu gibi, konuşmalarında da bir soyluluk var; öyle değil mi?

TOINETTE

Orası kesin.

ANGELIQUE

Bana söylediklerinden daha ateşli sözler duymak mümkün mü?

TOINETTE

Çok doğru.

ANGELIQUE

Dünyada benim gibi baskı altında yaşamaktan daha acı ne olabilir? Tanrının bize ilham ettiği karşılıklı sevgiyi, o tatlı coşkunlukları sürdürmeme imkân yok, her şey bana yasak. Ne feci, değil mi?

TOINETTE

Haklısınız.

ANGELIQUE

İyi ama, Toinette'ciğim, beni gerçekten söylediği kadar seviyor mu acaba, ne dersin?

TOINETTE

Eee, böyle şeylere her zaman pek güvenilmez. Aşkın sahtesi de gerçeğine çok benzer, ben gönül oyunlarında ne yaman oyuncular gördüm.

ANGELIQUE

Ah! Toinette, ne diyorsun? Öyle bir konuşuyordu ki, onun bana doğruyu söylememiş olması mümkün müdür acaba?

TOINETTE

Her halde bunu yakında anlıyacaksınız; dünkü namesinde sizi istetmiye karar verdiğini bildirmesi, sözlerinin doğru mu, eğri mi olduğunu, en kestirme yoldan, size gösterecektir; bundan iyi ispat olmaz.

ANGELIQUE

Ah! Toinette, o da beni aldatırsa, ömrümde hiçbir erkeğe inanmam artık.

TOINETTE

İşte babanız geliyor.

V. SAHNE

ARGAN, ANGELIQUE, TOINETTE

ARGAN, *İskemlesine oturarak.*

Gel, kızım, gel bakayım şöyle... Sana bir haberim var, belki de hiç beklemediğin bir haber... Seni birine almak istiyorlar. O da nesi, gülüyor musun? Bilirim, evlenmenin lâfını etmek bile hoşa gider; hele kızlar için bundan daha gıdıklayıcı birşey yoktur. Ah! Doğa, doğa! Ama görebildiğim kadar, evlenmek isteyip istemediğini sormama bile gerek yok, galiba kızım.

ANGELIQUE

Siz ne emrederseniz onu yapmak zorundayım, babacığım.

ARGAN

Bu kadar itaatli bir kızım olduğuna çok sevindim. O halde iş oldu demektir, zaten söz vermiştim.

ANGELIQUE

Her istediğinizi gözü kapalı yerine getirmek boynumun borcudur, babacığım.

ARGAN

Karım, üvey annen, seni de, küçük kızkardeşin Louison'u da rahibeliğe vermemi isterdi; ötedenberi bunu aklına koymuştu.

TOINETTE, *Alçak sesle*

Kim bilir ne düşünmüştür hınzır karı.

ARGAN

Bu evlenmeye bir türlü razı olmak istemiyordu; ama ben onu dinlemedim, söz kestim bile.

ANGELIQUE

Ah! Babacığım, bütün bu iyiliklerinize ne kadar minnettarım!

TOINETTE, *Argan'a*

Doğrusu, buna ben de sevindim, hayatınızda yaptığınız en akıllıca iş bu olmuş.

ARGAN

Evleneceğin adamı daha görmedim; ama beğeneceğimi söylediler, senin de.

ANGELIQUE

Elbette, babacığım.

ARGAN

Nasıl, sen gördün mü yoksa?

ANGELIQUE

Bu işe razı olduğunuza göre yüreğimi size açabilirim, babacığım; sizden ne saklayayım, altı gün önce bir tesadüfle biribirimizi tanıdık, gelip sizden beni istemeleri de daha ilk görüşte, biribirimize duyduğumuz yakınlığın bir neticesidir.

ARGAN

Bak, bunu söylemediler bana, ama memnun oldum, böyle olduğu daha iyi. Boylu boslu, yakışıklı bir delikanlı, diyorlar.

ANGELIQUE

Evet, babacığım.

ARGAN

Fidan gibiymiş.

ANGELIQUE

Elbette.

ARGAN

Güzel adammış.

ANGELIQUE

Şüphesiz.

ARGAN

Temiz yüzlü bir gençmiş.

ANGELIQUE

Çok.

ARGAN

Akıllı uslu, iyi bir aile çocuğu.

ANGELIQUE

Hem nasıl.

ARGAN

Çok terbiyeliymiş.

ANGELIQUE

Dünyanın en terbiyeli adamı.

ARGAN

Çok iyi Lâtince, Yunanca konuşuyormuş.

ANGELIQUE

Orasını bilmiyorum.

ARGAN

Üç güne kadar doktor çıkacakmış.

ANGELIQUE

O mu, babacığım?

ARGAN

Evet, sana söylemedi mi?

ANGELIQUE

Doğrusunu isterseniz, söylemedi. Peki, size kim söyledi.

ARGAN

Mösyö Purgon.

ANGELIQUE

Mösyö Purgon tanıyor mu onu?

ARGAN

Amma da soru! Tanımaz olur mu, kendi yeğeni.

ANGELIQUE

Ya! Cléante, Mösyö Purgon'un yeğeni miymiş?

ARGAN

Hangi Cléante? Biz seni alacak adamdan söz ediyoruz.

ANGELIQUE

Ha! Evet.

ARGAN

Evet ya! Seni alacak adam Mösyö Purgon'un yeğeni, eniştesi doktor Mösyö Diafoirus'ün oğlu; adı Cléante değil Thomas Diafoirus; bu evlenmeye bu sabah, Mösyö Purgon, Mösyö Fleurant ve ben, üçümüz karar verdik, yarın da damadım olacak delikanlıyı babası getirip bana tanıtacak. Ne var? Neden öyle şaşırıp kaldın?

ANGELIQUE

Şey, babacığım, görüyorum ki siz bir başkasından söz etmişsiniz, ben başka anlamışım.

TOINETTE

Aman, Beyefendi! Nasıl olur da böyle herkesi güldürecek bir şeyi düşünebilirsiniz? Bunca mal mülk sahibiyken kızınızı bir doktora mı vereceksiniz?

ARGAN

Evet, doktora vereceğim. Sen ne karışıyorsun bu işe, a düdük, a kepaze sürtük?

TOINETTE

Aman! biraz yavaş olun, efendim! Hemen sövüp saymıya başlıyorsunuz. Öfkelenmeden, şöyle düşüne taşına iki lâf edemez miyiz hep beraber? Gelin, soğukkanlılığı elden bırakmadan konuşalım. Böyle bir evlenmenin sizce ne gereği var, lûtfen söyler misiniz?

ARGAN

Gereği şu ki, ne kadar hasta, sakat bir adam olduğumu görüyorum, doktordan damad, hısım akraba edinmek isterim ki, hastalığıma karşı onların yardımına güvenebileyim, bana lâzım olan ilaçların kaynağına ailemin içinde sahibolayım, her zaman kendimi onlara baktırabileyim, hepsini kolayca bir araya getirip derdime çare bulmalarını, reçete vermelerini sağlayabileyim.

TOINETTE

Hah, şöyle, bakın meramınızı ne güzel anlattınız, biribirimizle böyle sakin sakin konuşmak ne iyi oluyor. Ama, beyefendi, elinizi vicdanınıza koyun da öyle söyleyin; siz gerçekten hasta mısınız?

ARGAN

Bak, şu sürtüğün lâfına, gerçekten hasta mıymışım? Hasta değil miyim, a şıllık?

TOINETTE

Pekâla, efendim, pekâla, hastasınız, bunun için de kavga etmeyelim. Evet, çok hastasınız, hem de kalıbımı basarım, hatta sandığınızdan çok daha fazla hastasınız. Tamam, artık bu lâf bitsin. Ama kızınız kendisi için kocaya varacak; hiçbir hastalığı olmadığına göre de ille bir doktorla evlenmesi şart değil ya.

ARGAN

Ben onu kendim için bu doktora veriyorum; aklı başında bir kız da babasının sağlığına yararı olacak biriyle evlenmeye can atmalı.

TOINETTE

Ben size dostça bir öğüt vereyim mi, Beyefendi?

ARGAN

Neymiş bakalım, o vereceğin öğüt?

TOINETTE

Bu evlenmeyi aklınızdan çıkarın.

ARGAN

Yok canım, neden?

TOINETTE

Neden olacak, kızınız bu işe dünyada razı olmaz.

ARGAN

Razı olmaz mı?

TOINETTE

Olmaz.

ARGAN

Benim kızım ha?

TOINETTE

Evet, sizin kızınız. Size ne diyeceğini biliyorum, Mösyö Diafoirus'le ne işi var onun, ne oğlu Thomas Diafoirus'le, ne de dünyanın bütün Diafoirus'leriyle.

ARGAN

Benim işim var, benim, üstelik göründüğünden çok daha iyi bir kısmet. Mösyö Diafoirus'ün bu oğlundan başka mirasçısı yok; ayrıca ne karısı, ne de çocukları olan Mösyö Purgon da, bu evlenme dolayısiyle varını yoğunu ona bırakıyor. Mösyö Purgon deyip geçmeyin, tam sekiz bin frank yıllık geliri olan adamdır.

TOINETTE

Kim bilir ne çok hasta öldürmüştür, bu kadar zengin olmak için.

ARGAN

Sekiz bin frank da hatırı sayılır bir gelirdir, babasının varlığını hesaba katmasak bile.

TOINETTE

Beyefendiciğim, bunların hepsi hoş, güzel; ama ben gene dediğime gelirim. Söz aramızda, beni dinleyin, kızınıza başka bir koca bulun, Madame Diafoirus olacak kız değildir o.

ARGAN

Ben öyle olmasını istiyorum.

TOINETTE

Ağzınızdan yel alsın, bırakın bu lâfı.

ARGAN

Nasıl! bu lâfı bırakayım mı?

TOINETTE

Bırakın ya!

ARGAN

Neden bırakacak mışım?

TOINETTE

Sonra herkes ağzınızdan çıkanı kulağınız işitmiyor, der.

ARGAN

Ne derlerse desinler, ben kızımın verdiğim sözü yerine getirmesini isterim, anlaşıldı mı?

TOINETTE

Hayır, eminim bu dediğinizi yapmaz kızınız.

ARGAN

Ben ona yaptırmasını bilirim.

TOINETTE

Yapmaz, diyorum size.

ARGAN

Yapmasın da göreyim. Bir manastıra kapatırım onu.

TOINETTE

Siz mi?

ARGAN

Ben; tabii.

TOINETTE

Çok iyi.

ARGAN

Nasıl, çok iyi?

TOINETTE

Siz kızınızı manastıra kapatmazsınız.

ARGAN

Kızımı manastıra kapatmaz mıyım?

TOINETTE

Hayır.

ARGAN

Hayır mı?

TOINETTE

Hayır.

ARGAN

Yok canım! İşte bu hoş doğrusu. İstersem kızımı bir manastıra kapatamaz mıymışım?

TOINETTE

Hayır, diyorum size.

ARGAN

Kim engel olabilirmiş?

TOINETTE

Siz, kendiniz.

ARGAN

Ben mi?

TOINETTE

Evet. Yüreğiniz dayanmaz.

ARGAN

Bak nasıl dayanır.

TOINETTE

Şaka ediyorsunuz, canım.

ARGAN

Hiç de şaka etmiyorum.

TOINETTE

Babalık şefkati elinizi kolunuzu bağlar sizin.

ARGAN

Hiç de bağlamaz.

TOINETTE

Hele bir iki damlacık gözyaşı döksün, kollarını boynunuza dolayıp, tatlı tatlı «Ah benim tonton babacığım, şeker babacığım» diye size bir sarılsın, bakın nasıl hoşafın yağı kesilir, yumuşayıverirsiniz.

ARGAN

Hiçbir şeycik olmam.

TOINETTE

Evet, evet, görürsünüz.

ARGAN

Ben kolay kolay bildiğimden şaşmam.

TOINETTE

Boş lâf bunlar...

ARGAN

«Boş lâf» demeyin.

TOINETTE

Aman Allahım! Sanki ben sizi tanımıyormuşum gibi konuşuyorsunuz, siz yaradılıştan iyi insansınız.

ARGAN, *Öfkeyle*

Ben hiç de iyi değilim, istediğim zaman kötü olurum.

TOINETTE

Aman yavaş, birden parlamayın öyle, Efendiciğim, hasta olduğunuzu unutuyorsunuz galiba.

ARGAN

Ona emrediyorum, benim dediğim kocaya varacak, hazır olsun.

TOINETTE

Ben de onu bundan menediyorum, dünyada varmasın o adama.

ARGAN

Nerde olduğunu unuttun galiba? Bu ne cüret, senin gibi utanmaz, arlanmaz bir hizmetçi parçasının ne haddine böyle konuşmak efendisinin önünde?

TOINETTE

Efendi ne yaptığını bilmezse, aklı başında hizmetçiye doğruyu söylemek düşer, hakkıdır bu onun.

ARGAN, *Toinette'i kovalayarak*

Seni küstah seni, gebertmeli bu rezil karıyı.

TOINETTE, *Kendini ondan kurtarır*

Sizi el âlemin diline düşürüp iki paralık edecek şeylere karşı gelmek benim vazifemdir.

ARGAN, *Bastonu elinde, öfkeyle masanın etrafında onu kovalar*

Gel, gel buraya da vazifen neymiş göstereyim sana.

TOINETTE, *Koşarak ve masanın, Argan'ın bulunmadığı, köşesine kaçarak*

Delilik etmenizi önlemiye çalışıyorum, vazifem bu benim.

ARGAN

Hoşt! Köpek!

TOINETTE

Hayır, bu evlenmeye hiçbir zaman razı olmıyacağım.

ARGAN

Seni ipe gelesi kaltak!

TOINETTE

Sizin Thomas Diafoirus'ünüzle evlenmiyecek işte, istemiyorum.

ARGAN

Seni kokmuş murdar seni!

TOINETTE

Sizin sözünüzü değil, benim sözümü dinleyecek.

ARGAN

Angélique, şu şıllığı bana tutmıyacak mısın?

ANGELIQUE

Ah, babacığım, kendinizi helâk etmeyin, hasta olacaksınız.

ARGAN

Onu tutmazsan, sana lânet ederim.

TOINETTE

Dediğinizi yapacak olursa, ben de onu mirasımdan çıkarırım.

ARGAN, *Kendini sandalyesine atar, Toinette'in peşinden koşmaktan yorulmuştur.*

Of! bittim, kolum kanadım kesildi. Bu cadı beni öldürecek.

VI. SAHNE

BELINE, ANGELIQUE, TOINETTE, ARGAN

ARGAN

Ah! karıcığım, gel, yanıma gel.

BELINE

Ne oldu sana, kocacığım?

ARGAN

Gel de imdadıma yetiş.

BELINE

Ne var, ne oluyor, yavrucuğum?

ARGAN

Ah, canım.

BELINE

Hayatım.

ARGAN

Kanımı beynime sıçrattılar.

BELINE

Vah! benim zavallı kocacığım! Ne yaptılar sana böyle?

ARGAN

O senin Toinette şıllığı yok mu, edepsizliği iyice ele aldı.

BELINE

Sen öfkelenme, canım.

ARGAN

Ah! Beni kudurttu, bir tanem.

BELINE

Canını üzme, yavrucuğum.

ARGAN

Tam bir saattir, ne yapmak istedimse ayak diredi, bana karşı geldi.

BELINE

Vah, vah, üzülme sen.

ARGAN

Bu küstah bana ne dedi biliyor musun, güya ben hiç hasta değil mişim.

BELINE

Bak şu edepsizin zoruna.

ARGAN

Oysa biliyorsun, ruhum, ne halde olduğunu.

BELINE

Evet, hayatım, boyundan büyük halt etmiş.

ARGAN

Ah, canım karıcığım, beni öldürecek bu kaltak.

BELINE

Allah saklasın! O ne biçim söz!

ARGAN

Saframı kabartan hep o sürtük.

BELINE

O kadar da canını üzme, kocacığım.

ARGAN

Ne zamandır sana söylüyorum, şunu başımdan defet, diye.

BELINE

Ah! yavrucuğum kusuru olmıyan uşak, hizmetçi kaldı mı artık. İyi huylarına bakıp kötü huylarına katlanmak zorunda kalıyoruz. Bu kız becerikli, titiz, hamarat, üstelik namuslu da; biliyorsun bu zamanda ince eleyip sık dokumadan eve adam alınmıyor. Hey! Bana bak, Toinette!

TOINETTE

Efendim.

BELINE

Söyle bakayım, neden kocamı böyle öfkelendiriyorsun?

TOINETTE, *Aşağıdan alarak*

Ben mi, Madam? Allah sizi inandırsın, ne demek istediğinizi anlamıyorum; her dediğini yapıp Beyefendiyi memnun etmekten başka bir şey düşünmüyorum.

ARGAN

Ah! hain!

TOINETTE

Kızını Mösyö Diafoirus'ün oğluna vereceğini söyledi bize; ben de küçük hanım için iyi bir evlenme, ama onu bir manastıra koysanız bence daha iyi edersiniz, dedim.

BELINE

Bence de öyle, bunda ne kötülük var, kız haklı.

ARGAN

Ah! karıcığım! Sen ona mı inanıyorsun? Bu lânet olası bana ne edepsizlikler etti.

BELINE

Ah! sevgilim, senden başkasına inanır mıyım. Hadi, üzülme artık. Bana bak, Toinette, bir daha kocamı böyle kızdırırsan seni kapı dışarı ederim. Şimdi kürkünü, yastıklarını ver de iskemlesine iyice yerleştireyim, rahat etsin. Ne hallere girmiş, zavallı kocacığım. Takkeni kulaklarına kadar indir, hah şöyle; insan kulağını sıcak tutmazsa nezleden kurtulamaz.

ARGAN

Ah! Canım karıcığım, senin hakkını nasıl ödeyebilirim, senden başka kim bana böyle bakar!

BELİNE, *Argan'ın etrafına dizdiği yastıkları yerleştirerek*

Biraz kalk da bu yastığı altına koyayım. Şunu dirseğinin altına koyalım, yaslanmak için, şunu da öbür tarafına. Bunu arkana yerleştirelim, öbürünü de başının altına.

TOINETTE, *Sert bir hareketle tepesine bir yastık koyduktan sonra kaçarak*

Alın, bu da, akşam serinliğinden tepenizi korumak için!

ARGAN, *Öfkeyle ayağa kalkar, bütün yastıkları Toinette'e fırlatır.*

Ah! hain kaltak! Beni boğmak istiyorsun.

BELINE

Durun! durun bakayım! gene ne oluyor?

ARGAN, *Soluk soluğa, iskemlesine yığılarak*

Ah! Ah! Bittim artık! dayanamıyorum.

BELINE

Canım, neden böyle öfkeye kapılıyorsunuz? İyilik olsun diye yaptığını sanmıştır.

ARGAN

Ah, güzelim, o ipe gelesi kaltağın ne hınzır şey olduğunu bilmezsin sen, aklımı başımdan aldı; şimdi en azından sekiz müshil almalı, on iki lavman yaptırmalıyım ki, kendime gelebileyim.

BELINE

Hadi, kocacığım, hadi hayatım, rahat ver biraz kendine.

ARGAN

Ah, sevgili karıcığım, benim bütün tesellim sensin.

BELINE

Benim zavallı yavrucuğum!

ARGAN

Bana gösterdiğin bu şefkate, bu sevgiye neler borçlu olduğumu biliyorum, hayatım; onun için, sana daha önce de söylediğim gibi, vasiyetnamemi yaptırmak istiyorum.

BELINE

Ah! sevgilim, böyle şeyler konuşmıyalım, rica ederim; bunu düşünmek bile bana acı geliyor; dayanamıyorum; daha vasiyetnâme'nin sözü edilirken içim burkuluyor, fena oluyorum.

ARGAN

Ben sana bu işi noterinle bir konuşsan iyi olur, demiştim.

BELINE

İçerde bekliyor, onu eve getirdim.

ARGAN

Öyleyse, buraya al, hayatım.

BELINE

Ah! dostum, insan kocasını candan sevince böyle şeyleri düşünecek hali olmuyor.

VII. SAHNE

NOTER, BELINE, ARGAN

ARGAN

Buyurun, Mösyö de Bonnefoi, yaklaşın. Lûtfen bir iskemle çekip oturun. Karım sizin çok kibar ve anlayışlı bir kimse olduğunuzu, kendisine de dostluk gösterdiğinizi söyledi; onun için ben de yaptırmak istediğim bir vasiyetnâme üzerinde sizinle konuşmasını rica ettim.

BELINE

Ah! ben böyle şeyleri nasıl konuşabilirim, dilim varmaz söylemeğe!

NOTER

Efendim, Madam bana düşüncelerinizi anlattı, kendileri için neler tasarladığınızı da açıkladı, bu konuda size şunu söylemeliyim ki, eşinize vasiyetnâme ile birşey bırakamazsınız.

ARGAN

Neden bırakamaz mışım?

NOTER

Örf ve âdet hukuku[1] buna mânidir. Yazılı hukukun[2] geçtiği yerlerde olsaydınız, mümkün olabilirdi; ama Paris'te, örf ve âdet hukukunun yürürlükte olduğu öbür şehirlerde, hiç değilse çoğunda, bu mümkün değildir; öyle bir vasiyetnâme yapsanız bile geçerli olmaz. Evlilik bağı ile birleşmiş erkekle kadın arasında yapılabilecek tek şey, sağlıklarında

---

1) Bazı bölgelerde geçerli olan, törenin yerleştirdiği geleneksel hukuk.

2) Roma hukuku, o çağda yalnız güney Fransa'da geçerliydi.

karşılıklı bağış yoludur; o da karı kocadan birinin ölümü halinde, ortada biribirinden, yahut başkasından doğma çocukları olmamak şartiyle.

ARGAN

Bundan daha münasebetsiz bir örf ve âdet hukuku olamaz! insan kendisine deli divâne olan, gözü gibi bakan karıcığına bir şey bırakamasın, olur kepazelik değil! Bir kere de avukatıma danışayım, bakalım bir çıkar yol bulabilir miyiz.

NOTER

Bu gibi işler için avukatlara gitmemek gerekir, çünkü, genellikle, işi pek ciddiye alırlar ve kitabına uydurmayı da büyük bir suç sayarlar. Güçlük çıkarmaktan başka bir marifetleri yoktur onların, üstelik insanların vicdanını rahat ettirmesini de bilmezler. Akıl danışacak çok daha uygun, daha anlayışlı kimseler vardır; onlar usulca kanunu yan çizip haksız gibi görünen şeyi haklı hale getirmenin çaresini bulurlar; bir işin güçlüklerini ortadan kaldırıp, başka yollardan tavizler vererek, örf ve adetten ustalıkla sıyrılmasını bilirler. Öyle olmasa günümüzü gün edebilir miydik? Herşeyin bir çıkar yolunu bulmalı; yoksa bize yapacak iş kalmazdı, öyle mesleğe de ben metelik vermezdim.

ARGAN

Karım bana çok becerikli, çok da dürüst bir insan olduğunuzu anlatmıştı, efendim. Lûtfen söyler misiniz bana, servetimi karıma verip çocuklarımı miras dışı bırakmak için ne yapabilirim?

NOTER

Ne mi yapabilirsiniz? Kimseye duyurmadan eşinizin yakın dostlarından birini seçer, usûlüne uygun bir vasiyetnâme ile örf ve âdet kurallarınca bırakabileceğiniz kadarını ona bırakırsınız, bu emin dost da, sonra hepsini ona verir. Ayrıca, bazı kimselere, şüphe uyandırmayacak şekilde, bir çok borç senetleri imzalarsınız, onlar da eşinize, bu işe sırf hatır için girdiklerini, alacağın kendilerine değil ona ait olduğunu açıklayan resmî bir belge verirler. Şunu da yapabilirsiniz, sağlığınızda ona nakit para, yahut hâmiline yazılı senet verirsiniz.

BELINE

Aman Allahım! böyle şeylerle kendini yorup durma. Sana bir hal olursa, ben bu dünyada kalmak ister miyim, yavrucuğum?

ARGAN

Ah, canım.

BELINE

Evet, dostum, seni kaybetmek felâketine uğrarsam...

ARGAN

Canım karıcığım!

BELINE

Benim için artık yaşamanın hiçbir değeri kalmaz.

ARGAN

Hayatım benim!

BELINE

Seni ne kadar sevdiğimi göstermek için ben de ardından gelirim.

ARGAN

Ah! bir tanem, yüreğimi parçalıyorsun. Biraz sakin ol, rica ederim.

I. Perde, VII. Sahne. Soldan sağa: Béline (Gülgün Kutlu), Argan (Cüneyt Gökçer), Noter (Zafer Ergin).

NOTER

Bu gözyaşları erken, ortada henüz öyle bir durum yok.

BELINE

Ah! Mösyö, böyle candan sevilen bir koca ne demektir, siz bilmezsiniz.

ARGAN

Ölürsem, güzelim, bütün üzüntüm, senden bir çocuğum olmadan göçüp gitmek olacak, gözüm arkada kalacak. Mösyö Purgon bir çaresini bulur, oldururuz demişti.

NOTER

Olmıyacak şey değil, daha vaktiniz var.

ARGAN

Karıcığım, vasiyetnâmeyi Mösyönün dediği gibi yapmalı; ama her ihtimale karşı ben sana yatağımın tahta kaplaması içinde sakladığım yirmi bin altın frankla, birini Mösyö Damon'dan, öbürünü de Mösyö Géronte'dan aldığım, hamiline yazılı, iki borç senedini elden vereyim.

BELINE

Hayır, hayır, benim öyle şeylerde gözüm yok. Ah! dostum, yatağın içinde ne kadar var, diyordun?

ARGAN

Yirmi bin frank, elmasım.

BELINE

Rica ederim bana paradan, puldan söz etme. Ah, kocacığım, senetler kaç franklık?

ARGAN

Canım, biri dört bin franklık, öbürü de altı bin.

BELINE

Ah! sevgilim, dünyanın bütün varlığı olsa sana değişmem.

NOTER, *Argan'a*

İsterseniz vasiyetnâmeyi yazmıya başlıyalım.

ARGAN

Peki, Mösyö, ama yazı odama geçelim, orda daha rahat oluruz. Hadi, güzelim, lûtfen beni oraya götür.

BELINE

Götüreyim yavrucuğum, götüreyim.

VIII. SAHNE

ANGELIQUE, TOINETTE

TOINETTE

İşte, noterle içeriye kapandılar, demin de bir vasiyetnâme lâfı duyar gibi oldum. Üvey anneniz hiç de uykuda değil; babanızı size karşı birtakım kötü işlere sürüklüyor galiba.

ANGELIQUE

Gönlüme hükmetmeğe kalkmasın da, malını mülkünü ne yaparsa yapsın, umurumda değil. Görüyorsun ya, Toinette ne korkunç şeyler tasarlıyorlar, kalbimi nasıl çiğnemek istiyorlar. Yalvarırım sana, bu feci durumda beni yalnız bırakma.

TOINETTE

Ben mi sizi yalnız bırakacakmışım? Ölürüm de yapmam bunu. Üvey anneniz istediği kadar beni kendine sırdaş etmeğe çalışsın, kendi çıkarına kullanmak istesin, ona hiçbir zaman yakınlık duyamadım, zaten; her zaman da sizden yana oldum. Siz işi bana bırakın, her çareye başvuracağım size yardım etmek için; ama yardımım daha etkili olsun diye silâhı değiştireceğim, sizin mutluluğunuza çalıştığımı hiç belli etmiyeceğim, babanızla üvey ananızdan yanaymış gibi görüneceğim.

ANGELIQUE

Ne olur, Cléante'a haber gönder, beni evlendirmeye karar verdiklerini ona bildirmeye çalış, yalvarırım.

TOINETTE

Şu sırada Tefeci Polichinelle'den başka bu işi yaptıracak kimsem yok; ihtiyar bana tutkun, biraz yüzüne gülüp, birkaç tatlı söz söyledim mi istediğiniz olur. Güzel hatırınız için bunu yapacağım. Ama bugün, artık geç oldu; yarın sabah, erkenden onu gönderirim, bu işi seve seve...

BELINE, *İçerden*

Toinette!

TOINETTE, *Angélique'e*

Beni çağırıyorlar. İyi akşamlar. Hiç merak etmeyin siz, bana güvenin.

BİRİNCİ PERDENİN SONU

İKİNCİ PERDE

I. SAHNE

TOINETTE, CLEANTE [1]

TOINETTE, *Cléante'i tanıyamayarak*

Ne istiyorsunuz, Mösyö?

CLEANTE

Ne mi istiyorum?

TOINETTE

Aaa! siz misiniz? Ne işiniz var burada! Niçin geldiniz?

CLEANTE

Alnımın yazısını öğrenmeye, sevgili Angélique'le konuşmaya, yüreğinden geçenleri anlamıya, bana haber verdikleri o uğursuz evlenme konusunda neye karar verdiğini ona sormaya geldim.

TOINETTE

Evet ama Angélique'le böyle paldır küldür konuşulmaz: kimseye belli etmeden bir yolunu bulmalı, sıkı bir baskı altında tutulduğunu biliyorsunuz, ne dışarı çıkabiliyor, ne de kimse ile konuşturuyorlar, sizinle karşılaştığımız o temsile gitmesine de yaşlı halasının tiyatro merakı sayesinde, onun hatırı için izin vermişlerdi; ne olduysa o gün oldu zaten, ateş bacayı sarıverdi; ama bu maceradan hiç kimseye sözetmedik.

---

1) Zaman birliği: I. perde sonlarında akşam olmuştur; şimdi aradan bir gece geçmiş, yeni bir gün başlamıştır.

CLEANTE

Ben de onun için buraya sevgilisi Cléante olarak değil, müzik hocasının arkadaşı kılığında geldim. Onunla anlaştık, kendisi gelemediği için beni gönderdi, diyeceğim.

TOINETTE

İşte babası geliyor. Siz biraz kenara çekilin de geldiğinizi haber vereyim.

II. SAHNE

ARGAN, TOINETTE, CLEANTE

ARGAN, *Yalnız olduğunu sanarak ve Toinette'i görmeden*

Mösyö Purgon bana sabahları odamda gezinmemi söylemişti, on iki kez aşağı, on iki kez yukarı; ama enine mi, boyuna mı, orasını sormayı unuttum.

TOINETTE

Beyefendi, bir...

ARGAN

Yavaş konuş, cadaloz! beynimi sarstın; hastaların yanında böyle yüksek sesle konuşulur mu, onu bile düşünmüyorsun.

TOINETTE

Size haber verecektim, Efendim...

ARGAN

Yavaş konuş, diyorum sana.

TOINETTE

Beyefendi... *(Konuşuyormuş gibi yapar.)*

ARGAN

Ne?

TOINETTE

Diyorum ki... *(Konuşuyormuş gibi yapar.)*

ARGAN

Ne diyorsun?

TOINETTE, *Yüksek sesle*

Biri gelmiş, sizinle görüşmek istiyor, diyorum.

ARGAN

Gelsin.

Toinette, Cléante'a öne doğru çıkmasını işaret eder.

CLEANTE

Efendim...

TOINETTE, *Alay ederek*

Sakın yüksek sesle konuşmayın, Beyefendinin beyni sarsılır.

CLEANTE

Efendim, sizi böyle ayakta, sıhhatte gördüğüme çok sevindim, iyisiniz maşallah.

TOINETTE, *Öfkelenmiş gibi yaparak*

Nasıl, iyi mi buluyorsunuz? yanılıyorsunuz: Beyefendi her zaman hastadır, hasta.

CLEANTE

Ben iyileştiklerini duymuştum, yüzlerini de iyi gördüm.

TOINETTE

İyi yüz görmekten ne anladığınızı bilmem. Beyefendininki kötü mü kötü; bakın, yüz göz biribirine karışmış; size iyileştiğini söyleyenler de boylarından büyük haltetmişler. Hiç bu kadar hastalanmamıştı.

ARGAN

Doğru söylüyor.

TOINETTE

Herkes gibi yürüyor, uyuyor, yiyor, içiyor; ama gene de hasta işte.

ARGAN

Çok doğru.

CLEANTE

Vah, vah, çok üzüldüm, Efendim. Beni kızınızın şarkı hocası gönderdi. Birkaç günlüğüne köye gitmek zorunda kaldı da, yakın arkadaşı olduğum için yerine beni gönderdi, derslerine ara verirse matmazelin öğrendiklerini de unutmasından korkuyor.

ARGAN

Pekâla. *(Toinette'e)* Angélique'i çağırın.

TOINETTE

Bana kalırsa, Mösyöyü matmazelin odasına götürsek daha iyi olur.

ARGAN

Hayır; onu buraya getirin.

TOINETTE

Efendim, kendi kendilerine olmazlarsa dersini iyi veremez.

ARGAN

Verir, verir.

TOINETTE

Verir, ama beyefendi, kafanız da şişer, bu halde iken başınızı döndürecek, beyninizi sarsacak şeylerden sakınmak lâzım.

ARGAN

Yok, yok: ben müziği severim, belki içim açılır da... Hah! İşte kızım geldi. *(Toinette'e)* Sen git bak bakalım, hanım giyinmiş mi.

III. SAHNE

ARGAN, ANGELIQUE, CLEANTE

ARGAN

Gel, kızım. Müzik hocan köye gitmiş, sana ders vermek için de kendi yerine bu mösyöyü göndermiş.

ANGELIQUE, *Cléante'ı tanıyarak.*

Aman Allahım!

ARGAN

Ne var? Neden şaşırdın?

ANGELIQUE

Şey...

ARGAN

Ne! Nedir seni böyle heyecanlandıran?

ANGELIQUE

Şey, babacığım, inanılmıyacak bir raslantı oldu da benim için.

ARGAN

Nasıl?

ANGELIQUE

Bu gece rüyada, kendimi büyük bir sıkıntı içinde gördüm, tıpkı tıpkısına Mösyöye benzeyen biri çıktı karşıma, ondan yardım istedim, o da beni sıkıntıdan kurtardı; bütün gece uğraştığım şeyi şimdi burada, birdenbire karşımda görünce çok şaşırdım doğrusu.

CLEANTE

Rüyada da olsa, uyanıkken de olsa, zihninizi meşgul etmek hiç de talihsizlik sayılmaz; gerçekten bir sıkıntınız olsaydı da, bu sıkıntıdan sizi kurtarmıya beni layık görseydiniz inanın çok mutlu olurdum; bu uğurda yapamıyacağım hiçbir şey...

IV. SAHNE

TOINETTE, CLEANTE, ANGELIQUE, ARGAN

TOINETTE, *Alay ederek*

Ah, Beyefendi, yemin ederim, yemin ederim ki artık sizden yanayım, dün söylediklerimin hepsini geri alıyorum. İşte, Diafoirus'ler, baba oğul, sizi ziyarete gelmişler. Aman ne iyi damatlanacaksınız, ne iyi! Dünyanın en yakışıklı, en kafalı delikanlısını göreceksiniz. İki lâf etti, hayran oldum doğrusu, kızınızın da görür görmez aklı gidecek.

ARGAN,

Gitmek istiyormuş gibi yapan Cléante'a.

Gitmeyin, Mösyö. Kızımı evlendiriyorum da; kocası olacak genci getirmişler, kendisini daha hiç görmedi.

CLEANTE

Böyle zevkli bir görüşmeye tanık olmamı istemekle beni çok onurlandırıyorsunuz, efendim.

ARGAN

Çok ehliyetli bir doktorun oğludur, dört güne kadar düğünlerini yapacağız.

CLEANTE

Ne iyi.

ARGAN

Hocasına haber gönderin de düğünde bulunsun bari.

CLEANTE

Başüstüne, efendim.

ARGAN

Siz de buyurun, rica ederim.

CLEANTE

Çok lûtufkârsınız.

TOINETTE

Hadi bakalım, sıraya dizilelim, işte geliyorlar.

V. SAHNE

MÖSYÖ DIAFOIRUS, THOMAS DIAFOIRUS, ARGAN, ANGELIQUE, CLEANTE, TOINETTE

ARGAN, *Elini, başından çıkarmadığı, takkesine götürerek*

Efendim, Mösyö Purgon başımı açık tutmayı bana yasakladı. Meslekten olduğunuz için zararlarını bilirsiniz.

MÖSYÖ DIAFOIRUS

Biz bütün ziyaretlerimizde hastalara yardım etmek isteriz, onları rahatsız etmek değil.

ARGAN

Efendim, ziyaretinizden dolayı...

İkisi de aynı zamanda konuşurlar, biribirlerinin sözünü keserler, lâflarını karıştırırlar.

MÖSYÖ DIAFOIRUS

Efendim, oğlum Thomas ile ben...

ARGAN

Ne kadar şeref duyduğumu...

MÖSYÖ DIAFOIRUS

Dünürünüz olmak şerefini...

ARGAN

Ne kadar sevindiğimi bilemezsiniz...

MÖSYÖ DIAFOIRUS

Bize lûtfetmenizden duyduğumuz...

ARGAN

Bundan emin olmanız için...

MÖSYÖ DIAFOIRUS

Büyük bahtiyarlık içinde...

ARGAN

Ben de ziyaretinize gelebilmeği...

MÖSYÖ DIAFOIRUS

Şükrânlarımız arz...

ARGAN

Çok isterdim ama...

MÖSYÖ DIAFOIRUS

Ve gerek mesleğimizle...

ARGAN

Siz de bilirsiniz ki...

MÖSYÖ DIAFOIRUS

Gerek başka konularla...

ARGAN

Benim gibi zavallı bir hasta...

MÖSYÖ DIAFOIRUS

İlgili hususlarda...

ARGAN

Size ancak burada...

MÖSYÖ DIAFOIRUS

Size hizmet etmek için...

ARGAN

Her zaman emrinizde olduğunu...

MÖSYÖ DIAFOIRUS

Hiçbir gayrette kusur etmeyeceğimizden...

ARGAN

İsbat etmek için...

MÖSYÖ DIAFOIRUS

Emin olmanızı rica...

ARGAN

Hiçbir fırsatı kaçırmıyacağını...

MÖSYÖ DIAFOIRUS

Etmek için buraya...

ARGAN

Söylemekten başka birşey yapamaz...

MÖSYÖ DIAFOIRUS

Gelmiş bulunuyoruz. *(Oğluna dönerek ona söyler)* Haydi, Thomas, ilerle, nutkunu söyle.

THOMAS DIAFOIRUS,

Herşeyi patavatsızca, yersiz yapan, tahsilini yeni bitirmiş, sırık boylu bir alık oğlandır.

Önce babasından başlamak uygun olur, değil mi?

MÖSYÖ DIAFOIRUS

Evet.

THOMAS DIAFOIRUS, *Argan'a*

Efendim, sizin şahsınızda bir ikinci babayı, birincisinden daha çok kendisine minnettar olduğumu söylemeğe cüret edeceğim bir ikinci babayı selamlamıya, ona şükranımı, sevgi ve saygılarımı arzetmeğe geldim. Birincisi dünyaya gelmeme sebeboldu, ama siz beni evlât olarak seçtiniz. O beni almak zorundaydı, ama siz beni lûtfedip kabul buyurdunuz. Ben onun cismânî varlığının eseriyim, ama sizin iradenizin mahsulüyüm; ve ruhî melekeler bedenî melekelerden ne derece üstünse, ben de size o derece borçluyum, gelecekteki bu evlatlık bağına da o derece değer vermekteyim, işte bundan dolayıdır ki, bugün zâtı âlilerine çok nâçiz ve saygılı teşekkürlerimi şimdiden sunmakla şeref duyuyorum.

TOINETTE

Yaşasın Fakülteler, ne yaman adamlar çıkarıyorlar da haberimiz yok!

THOMAS DIAFOIRUS, *Mösyö Diafoirus'e*

İyi söyledim mi, babacığım?

MÖSYÖ DIAFOIRUS

Optime.[1]

ARGAN, *Angélique'e*

Hadi kızım, Mösyöyü selamla.

THOMAS DIAFOIRUS, *M. Diafoirus'e*

Öpeyim mi, babacığım?[2]

MÖSYÖ DIAFOIRUS

Tabii, tabii.

THOMAS DIAFOIRUS, *Angélique'e*

Madam, Tanrının size pek haklı olarak kayınvaldelik sıfatını ihsan etmiş olması...

ARGAN, *Thomas Diafoirus'e*

Karımla değil, kızımla konuşuyorsunuz.

---

1) Lâtince «çok iyi» demektir.

2) Elini mi, yoksa yanağını mı kastettiği belli değildir, ama sözlüsü olarak yanağını kastetmiş olması daha yakın bir ihtimaldir. O çağda, hanımları selamlarken («Fransa usulü») öpmek âdetti. Montaigne, bu âdet gereği hanımların kendilerini dudaklarından öptürmelerinden yakınır. (III. 5).

THOMAS DIAFOIRUS

O nerde peki?

ARGAN

Şimdi gelir.

THOMAS DIAFOIRUS

Gelmesini bekliyeyim mi, babacığım?

MÖSYÖ DIAFOIRUS

Matmazele teşekkür et, ona hazırladığın nutku söyle.

THOMAS DIAFOIRUS

Matmazel, tıpkı güneşin, ilk ışınlarıyla aydınlanır aydınlanmaz ahenkli sesler çıkaran Mısır'daki Memnon[1] heykeli gibi, ben de güzelliğinizin güneşi parlar parlamaz tatlı bir heyecana kapıldığımı hissediyorum. Doğa bilginlerinin belirttiklerine göre héliotrope dedikleri çiçek nasıl yapraklarını güneşten, o ışık kaynağından hiç ayırmazsa benim kalbim de bundan sonra daima, birer yıldız gibi ışıldayan o güzel gözlerinize çevrilmiş olacak, o biricik kutbunu arayacak. Müsaade buyurunuz da, matmazel, bugün, bütün hayatı boyunca sizin çok mütevazı, çok itaatli ve çok sadık bir bendeniz ve kocanız olmaktan başka emeli olmıyan bu kalbi, güzelliğinizin mihrabına bir adak gibi sunayım.

---

1) Efsanelik kişi, Tithon'la Aurora'ın oğlu, Mısır Kralı olan babası tarafından, Yunanlıların kuşattıkları Troia'nın yardımına gönderilmişti. Troia savaşında Akhilleos tarafından öldürüldü. Memnon'un ünü Yunan geleneğine göre dikilen heykelinden gelmektedir. Mısır'daki Thebai şehri yakınlarında bulunan (ve gerçekte Firavun III. Amenophis'in mezarı olduğu sanılan) bu azametli heykelin, güneş doğarken, Şafak tanrıçası olan annesini, selamlamak için, şarkı söylediği rivayet edilir.

TOINETTE, *Onu alaya alarak*

İşte, okumanın faydası, insan böyle güzel lâf etmesini öğrenir.

ARGAN, *Cléante'a*

Eee! Siz ne diyorsunuz bakalım?

CLEANTE

Ne diyeyim, Efendim. Mösyö harikalar yaratıyor, Doktorluğu da hatipliği kadar güçlüyse ne mutlu hastası olana.

TOINETTE

Elbette. Tedavisi de nutukları kadar güzelse, gel de hayran olma.

ARGAN

Hadi, çabuk koltuğumu getirsinler, herkese de iskemle verin. *(Uşaklar iskemle getirirler.)* Sen şuraya otur, kızım. *(Mösyö Diafoirus'e)* görüyorsunuz ya, efendim, herkes oğlunuza hayran, böyle bir evlâda sahibolduğunuz için gerçekten mutlusunuz.

MÖSYÖ DIAFOIRUS

Efendim, oğlumdur diye söylemiyorum, ama kendisinden hoşnut olmam sebepsiz değildir, onu görenler kimseye zararı olmadığını söylerler. Vakıa, hiçbir zaman öyle hayâlhanesi geniş, birçokları gibi cin fikirli bir genç değildi, ama mesleğimiz için gerekli olan muhakeme ve temyiz kabiliyetine sahibolduğunu buradan istidlâl ediyorum. Küçükken, o haşarı dedikleri, ele avuca sığmaz, uyanık çocuklara benzemezdi. Daima halim selim, sessiz görünür, ağzından bir kelime çıkmaz, kendi yaşıtlarının oynadığı çocukça oyunların hiçbirini oynamazdı. Okumayı öğreninceye kadar bize kök söktürdü, dokuz yaşına bastığı halde daha harfleri doğru dürüst öğrenememişti.

Kendi kendime, «Zararı yok, derdim, geç gelişen ağaçlar, iyi meyva verirler; mermeri kazımak kum üzerine yazmaktan daha zordur, ama yazılanlar uzun zaman kalır; anlayış ve kavrayışındaki bu ağırlık, zihnindeki bu durgunluk ilerde sağlam bir muhakemeye sahibolacağını gösterir», diye düşünürdüm. Fakülteye verdiğim zaman, hayli sıkıntı çekti; ama karşılaştığı güçlüklere yılmadan göğüs gerdi, hocaları her zaman bana sebatkârlığını, çalışkanlığını överlerdi. Nihayet, geceyi gündüze katarak uğraşa uğraşa, tahsilini başarıyla bitirip şehadetnamesini aldı; övünmek gibi olmasın ama, stajını yapmakta olduğu şu son iki yıl içinde,[1] Okulumuzdaki bütün münazaralarda onun kadar kendini gösterip ilgi uyandıran bir doktor adayı daha çıkmadı. Herkesin gözünü yıldırmıştır, katıldığı her münazarada da aksi kaziyeyi sonuna kadar şiddetle müdafaa ve ispata çalışır. Tartışmada çok serttir, prensiplerinde bir Türk gibi kuvvetlidir, asla fikrinden dönmez, yürüttüğü muhakemeyi mantığın son haddine, en gizli köşelerine kadar götürür. Fakat, her şeyden çok hoşuma giden tarafı, beni örnek tutarak, eskilerin kanaatine körü körüne bağlı kalma-

---

1) O zamanlar Paris'te tıp öğrenimi, orta öğrenimden sonra, iki yılda yapılıyor ve bakalorya diploması alınıyordu. Bundan sonra lisans için, iki yıl daha okumak ve Fakülteye devam etmek gerekiyordu. Doktora sınavına girmeğe ancak ondan sonra hak kazanılıyordu. İki yıllık lisans süresince yapılan çalışmalar, özellikle, Orta Çağ yöntemine göre, açık tartışmalara katılmaktan ibaretti.

sıdır. Asrımızda kan deveranı üzerine ileri sürülen yeni nazariyeleri, yapıldığı iddia edilen tecrübeleri ve buna benzer safsataları anlamak, hatta dinlemek bile istememiştir.

THOMAS DIAFOIRUS, *Cebinden tomar halinde bir tez çıkarıp Angélique'e sunarak.*

Deveran'cılara[1] karşı âcizane, bir tez savunmuştum, *(Argan'ı selamlayarak)* Babanız müsaade buyururlarsa, fikrî mesaimin, size sunmayı vazife bildiğim, en turfanda mahsulü olarak takdime cesaret edeceğim.

ANGELIQUE

Bu benim için lüzumsuz bir eşya olur, Mösyö, böyle şeylerden anlamam.

TOINETTE, *Tezi alarak*

Siz verin, verin, yaldızları, süslemeleri[2] işimize yarar, odamıza asarız.

THOMAS DIAFOIRUS, *Tekrar Argan'ı selamlayarak*

Gene Beybabanız müsaade buyururlarsa sizi bugünlerde, bir kadın cesedi üzerinde ya-

---

1) 1619'da Harvey'in keşfettiği kan dolaşımı, Paris Tıp Okulu'nda güçlü bir direnişle karşılanmıştı; ama «Hastalık Hastası»nın yazıldığı yıllarda, doktorların çoğu, bu yeni buluşa katılmışlardı ve «deverancı-dolaşımcı»lara karşı çıkmak artık gülünç olmaya başlamıştı.

2) Tezler, o çağda, öğrencilerin bakalorea ve lisans dönemlerinde, öğrenimlerini tamamlamadan hazırladıkları ödevlerdi. Parşömen veya kumaş üzerine, bir çeşit afiş biçiminde hazırlanan bu tezlerde metin bulunmaz, sadece tartışılacak konuların başlıkları verilir, çoğu zaman da gravürler, portreler, yaldızlı armalar ve amblemlerle süslenirdi.

pılacak teşrih ameliyesini seyretmeye davet ederim, eğlenir, hoş vakit geçirmiş olursunuz, bendeniz de teşrih hakkında bazı mutalâalarda bulunacağım.[1]

TOINETTE

Kim bilir ne hoş bir eğlence olacak. Bazı kimseler nişanlılarını tiyatroya götürürler, ama ölü ameliyatına götürmek çok daha zarif, daha ince bir şey tabii.

MÖSYÖ DIAFOIRUS

Efendim, bundan başka, izdivaç ve zürriyet için lüzumlu olan vasıflardan yana, sizi temin ederim ki oğlum tıp uleması üstadlarımızın tespit ettikleri kaidelere göre, temamiyle matluba muvafık, tenasül meziyetlerini haiz ve dünyaya sıhhatli çocuklar getirmek için gerekli bünyeye de sahiptir.

ARGAN

Oğlunuzu saraya sokmak, kendisini orada bir doktorluğa yerleştirmek[2] niyetinde değil misiniz, Efendim?

MÖSYÖ DIAFOIRUS

Doğrusunu söylemek icabederse, mesleğimizi büyüklerin yanında icra etmek hiçbir zaman hoşuma gitmemiştir, ben daima halka bağlı kalmayı tercih etmişimdir. Halka bakmak daha rahat bir iştir. Hareketlerinizden

---

1) Cesetlerin, özellikle kadın cesetlerinin, teşrihi henüz yaygın bir şekil almamıştı; halkın, hatta saraya mensup olanların çok ilgi gösterdikleri anatomi derslerini kalabalık bir dinleyici topluluğu izliyordu.

2) Bu gibi görevler, o zamanlar, para ile satın alınıyordu.

kimseye hesap vermek mecburiyetinde olmazsınız; tıbbî usul ve kaidelere göre ne icabediyorsa onu tatbik eder bırakırsınız, netice ne olursa olsun umur etmezsiniz. Fakat büyük adamlara doktorluk ettiniz mi, işin kötü tarafı şudur ki hasta olunca, doktor kendilerini mutlaka iyi etsin isterler.

TOINETTE

Amma da tuhaf şey, sizlerden, kendilerini iyi etmenizi beklemeleri doğrusu küstahlık, Efendim. Siz onları iyi etmek için yanlarına girmediniz ya; sadece maaşınızı alıp reçete yazmak için girdiniz; iyi olmak kendilerine düşer, ellerinden geliyorsa tabii.

MÖSYÖ DIAFOIRUS

Çok doğru. Hastalara usulü dairesinde bakıp ilâç vermekten başka bir mecburiyetimiz yoktur.

ARGAN, *Cléante'a*

Mösyö, kızıma biraz şarkı söyletir misiniz, misafirlerimizin önünde?

CLEANTE

Ben de emrinizi bekliyordum, Efendim; sizleri biraz neşelendirmek için, yeni bestelenmiş bir küçük operanın bir sahnesini Matmazelle beraber söylemeyi düşünmüştüm. *(Angélique'e, bir kâğıt vererek.)* İşte söyleyeceğiniz parça.

ANGELIQUE

Ben mi söylıyeceğim?

CLEANTE, *Alçak sesle, Angélique'e*

Rica ederim, hiç itiraz etmeyin, bırakın da beraber söyliyeceğimiz sahneyi size anlatayım. *(Yüksek sesle.)* Şarkı söyliyecek kadar sesim yok, ama burada işitilecek kadar çıkarsa yeter; matmazele şarkı söyletmek zorunda olduğum için artık lûtfeder, hoşgörürsünüz.

ARGAN

Mısraları güzel mi bari?

CLEANTE

Doğrusunu isterseniz tuluat halinde söylenen bir operacıktır bu, onun için dinliyeceğiniz, ahenkli nesirden, yahut serbest şiir tarzında yazılmış mısralardan ibaret olacaktır; aşkın ve mecburiyetin, o ânda içlerinden geldiği gibi konuşan iki insana buldurup söyletebileceği şeyler.

ARGAN

Pekâla. Dinleyelim.

CLEANTE, *Bir çobanın ağzından sevgilisine, ilk karşılaşmalarından bu yana duyduğu aşkı dile getirir, sonra şarkı söyleyerek birbirlerine duygularını anlatırlar.*

Bu sahnenin konusu şudur. Bir çoban, bütün dikkatini henüz başlamış olan bir temsilin güzelliklerine vermiş oyunu seyrederken, yanıbaşında duyduğu bir gürültüyle dikkati dağılır. Başını çevirip bakar, çirkin sözlerle bir çoban kızına hakaret etmekte olan kaba saba bir adam görür. Kadınlara karşı saygılı olmak her erkeğin vazifesidir, o da hemen kızın yardımına koşar; kaba herife küstahlığının cezasını verdikten sonra, çoban kızının yanına gider, şimdiye kadar hiç görmediği kadar güzel gözlerinden dünyanın en güzel yaşlarını akıtan bir genç kız görür. Kendi kendine: «Ah! ne yazık! der, insan bu kadar güzel bir kıza nasıl hakaret edebilir? İnsanlıkla ilgisi olmıyan biri, bir yabanî bile bu gözyaşlarına duygusuz kalabilir mi?» Çok hoşlandığı gözyaşlarını dindirmeğe çalışır; sevimli çoban kızı da, bu sırada, yaptığı küçük hizmetten dolayı ona teşekkür etmekten geri kalmaz, ama öylesine hoş, öylesine tatlı, öylesine candan yapar ki bunu, çoban dayanamaz; her sözün, her bakışın alevden bir ok gibi yüreğine işlediğini hisseder. «Böylesine bir teşekküre, bu kadar tatlı sözlere değecek birşey var mıdır bu dünyada? diye söylenir. Bu derece kadir kıymet bilen, hassas bir ruhun şu dokunaklı güzelliğini, şu tatlı bakışlarını bir an olsun kendine çekebilmek için insan neler yapmaz, nelere katlanmaz, ne tehlikelere atılmak istemez?» Bütün temsil boyunca hiçbir şeyin farkında değildir, ama temsilin çok kısa olmasına üzülür, çünkü bitince onu sevgili çoban kızından ayıracaktır; bu ilk görüşten, ilk karşılaşma ânından eve dönerken yıllarca sürmüş bir aşkın en şiddetli heyecanlarını içinde taşıyor gibidir. Daha şimdiden ayrılığın bütün acılarını duymıya başlamıştır, o kadar az gördüğü sevgilisini bir daha görememek korkusu içini kemirmektedir. Gece gündüz aklından çıkmayan o tatlı hayali tekrar görebilmek için elinden geleni yapar; ama çoban kızının sıkı bir baskı altında tutulması, bütün imkânları elinden almaktadır. Öylesine bir aşkla ona tutulmuştur ki, artık onsuz yaşayamıyacağını anlar, o güzeller güzeliyle evlenmiye karar verir, ona ulaştırmayı başardığı bir nâme ile kızın müsaadesini de alır. Ama aynı zamanda, babasının onu bir başkasına vermek üzere söz kestiğini, nerdeyse nikahın kıyılacağını öğrenir. Zavallı çoban kalbinden vurulmuş gibidir. Ne öldürücü bir ıstırap içinde kıvrandığını tasavvur edebilirsiniz. Sevgilisini bir başkasının kolları arasında görmeğe, böylesine korkunç bir şeyi düşünmeğe bile tahammülü yoktur. Düştüğü ümitsizlik içinde aşk ona sevgilisinin evine girmenin yolunu buldurur, onun ağzından duygularını öğrenecek, alınyazısının ne olduğunu anlıyacaktır, Orada korktuğu şeylerin hazırlığını, baba inadının en tatlı hayallerini yıkmak için karşısına çıkardığı o aşağılık rakibi görür. O gülünç rakibin, sevgili çoban kızının yanında, gönlünü şimdiden elde etmiş gibi kendinden emin, muzaffer bir edâ ile kasıldığını görür ve gördükleri onu öylesine öfkelendirir ki, kendini zor tutar. Taparcasına sevdiği kıza acıklı bakışlarla bakar; saygısı, babasının orada bulunması, ona birşey söylemesine engel olur, yalnız gözleriyle konuşmak zorunda bırakır. Ama sonunda, bütün baskıları zorlar, aşkın verdiği coşkunluk içinde kendini tutamaz sevgilisine şunları söyler. *(Şarkı söyleyerek)*

Ah!, Güzel Philis, yeter çektiğim acı, yeter,
Nedir, söyle düşüncen, sükût ölümden beter.
Bilmek isterim alın yazımı:
Ölmeli miyim, yaşamalı mı?

ANGELIQUE, *Şarkı söyleyerek cevap verir:*

Ah! Tirsis bilsen nasıl, nasıl üzülüyorum
Yüreğimi kemiren düğün hazırlığına:
Gözlerim bulutlarda, hep seni görüyorum,
Daha ne söyleyeyim bana sorduklarına.

II. Perde, V. Sahne. Soldan sağa: Mösyö Diafoirus (Kerim Afşar), Argan (Cüneyt Gökçer), Cléante (Cihan Ünal), Angélique (Deniz Gökçer).

ARGAN

Şaşılacak şey! bizim kızın bu işi bu kadar iyi becerdiğini bilmiyordum, notayı eline almış kitap okur gibi şarkı söylüyor.

CLEANTE

Ah! söyle, güzel Philis,
Seni çılgınca seven, bu bahtsız aşık Tirsis
Söyle mutlu olur mu?
Senin müşfik kalbinde küçük bir yer
bulur mu?

ANGELIQUE

Sen böyle kahrolurken, artık susamıyorum
Ah! seni seviyorum.

CLEANTE

Ne tatlı sözler bunlar!
Yanlış duymuyorum ya!
Bir daha söyle Philis, yalvarırım bir daha.

ANGELIQUE

Ah! Tirsis, söyledim ya.

CLEANTE

Bir daha söylle, Philis.

ANGELIQUE

Seni çok seviyorum.

CLEANTE

Bin kere söylesen de, bıkmadan gene söyle.

ANGELIQUE

Ah! seni seviyorum,
Evet, çok seviyorum.

CLEANTE

Ey, tanrılar, kırallar, dünyaya hükmedenler,
Benim mutluluğuma, benzer mi kudretiniz?
Bir şey var ama, Philis,
Sevincimi karartan:
Rakibim, o kakavan!...

ANGELIQUE

Nefretle bakıyorum, inan ki bu adama,
Varlığı bir işkence,
Senin kadar, bana da.

CLEANTE

Ne çare baban seni ona vermek istiyor.

ANGELIQUE

Bak içim kan ağlıyor.
İstemem, ah istemem, onunla evlenmeyi;
Ölürüm, daha iyi!

ARGAN

Peki, baba ne diyor bütün bunlara?

CLEANTE

Bir şey demiyor.

ARGAN

Ne aptal babaymış o baba, bu rezaleti görüyor da sesini bile çıkarmıyor!

CLEANTE

Ah! sevgilim...

ARGAN

Yoo! Yoo! Kesin artık. Çok kötü örnek olacak bir oyun bu. Çoban Tirsis edepsizin biri, babasının önünde böyle şeyler konuşmaktan çekinmeyen Philis de, hayasız bir çoban kızı. *(Angélique'e)* Şu kağıdı göster bakayım bana. Ya! Hani, o söylediğiniz sözler nerede? Notadan başka bir şey yok burada.

CLEANTE

Efendim, son zamanlarda, güfteyi de beste gibi notalarla yazmanın usulünü keşfettiler, bilmiyor muydunuz?

ARGAN

Aman ne iyi etmişler. Güle güle, Mösyö; inşallah gene görüşürüz. Şu münasebetsiz operanızı dinlemeseydik daha iyi olurdu.

CLEANTE

Hoşunuza gideceğini sanmıştım.

ARGAN

Münasebetsiz şeyler hoşa gitmez. Ah! İşte karım.

VI. SAHNE

BELINE, ARGAN, TOINETTE, ANGELIQUE, MÖSYÖ DIAFOIRUS, THOMAS DIAFOIRUS

ARGAN

Hayatım, işte Mösyö Diafoirus'ün oğlu.

THOMAS DIAFOIRUS, *Gene ezberlediği bir övgü nutkunu okumaya başlar, ama alt tarafını unuttuğu için devam edemez.*

Madam, Tanrı size, pek haklı olarak, kayınvaldelik sıfatını ihsan etmiş, zira çehrenizden okunuyor ki...

BELINE

Mösyö, sizi görmek şerefine nail olmak için tam zamanında gelmişim, buna çok seviniyorum.

THOMAS DIAFOIRUS

Zira çehrenizden okunuyor ki... zira çehrenizden okunuyor ki... Madam, cümlemin tam ortasında sözümü kestiniz, hafızam dağıldı, alt tarafını getiremiyorum.

MÖSYÖ DIAFOIRUS

Bırak, Thomas, bunu başka bir zamana sakla.

ARGAN

Canım karıcığım, demin burada olmanı çok isterdim.

TOINETTE

Ah! Madam, neler kaçırdınız, ikinci ba-

baya, Mısırdaki Memnon heykeline, heliotrop denen çiçeğe, hiçbirine yetişemediniz.

ARGAN

Hadi, kızım, Mösyönün elini tut da kendisine, kocan olarak, ölünceye kadar bağlı kalacağına söz ver.

ANGELIQUE

Babacığım!

ARGAN

«Babacığım» da nesi! Bu ne demek oluyor?

ANGELIQUE

Rica ederim, herşeyi aceleye getirmeyin. Biraz vakit bırakın da hiç olmazsa biribirimizi tanıyalım, biribirimize ısınabilecek miyiz bir anlıyalım, kusursuz bir aile bağı kurabilmek için şarttır bu.

THOMAS DIAFOIRUS

Ben size çoktan ısındım, Matmazel, daha fazla beklemiye hiç lüzum yok.

ANGELIQUE

Siz bu kadar aceleciyseniz, ben öyle değilim, Mösyö, hem doğrusunu isterseniz, meziyetleriniz ruhuma pek fazla tesir etmedi henüz.

ARGAN

Bak hele! o dediğin evlenip birleştikten sonra zamanla olur, yavaş yavaş, kendiliğinden.

ANGELIQUE

İyi ya işte babacığım, siz de bana biraz zaman bırakın. Evlilik bir zincirdir, insanı hiçbir zaman ona zorla bağlamamalı. Zaten, mösyö dürüst bir erkekse baskı altında kendisine varacak kızı hiçbir zaman almak istemez.

THOMAS DIAFOIRUS

Nego consequentiam[1], Matmazel, hem dürüst bir erkek olabilirim, hem de babanız verdikten sonra, sizi pekâla almak isteyebilirim.

ANGELIQUE

Zorla güzellik olmaz, derler, o yola gitmek hiç de hoş birşey değil.

THOMAS DIAFOIRUS

Okuduklarımızdan öğreniyoruz ki, Matmazel, eskiler evlenecekleri kızları babalarının evinden zorla kaçırırlarmış, kendi arzulariyle bir erkeğin kollarına atılmak istiyorlarmış gibi görünmesinler diye.

ANGELIQUE

Eskiler, eski zaman insanlarıymış, Mösyö, biz de bugünün insanlarıyız. Zamanımızda yapmacıklı davranışların gereği yok. Hoşumuza giden bir evlenme olursa, kimse bizi sürüklemeden nikâha kendiliğimizden gitmesini de biliriz. Biraz sabırlı olun: hem, beni seviyorsanız, ben ne istersem siz de onu istemelisiniz, Mösyö.

THOMAS DIAFOIRUS

Evet, Matmazel, ama istedikleriniz sevgimin hak ve menfaatlerine aykırı düşmemek şartiyle.

ANGELIQUE

Sevginin en büyük kanıtı, sevilen kimsenin her isteğini yerine getirmektir.

---

1) Lâtince: «(Varsayımdan çıkardığınız) sonucu red ediyorum», demektir. Ortaçağdan kalma bir tartışma terimi.

THOMAS DIAFOIRUS

Distinguo, Matmazel, mülkiyetine dokunmamak şartiyle *concedo;* dokunacaksa *nego.*[1]

TOINETTE, *Angélique'e*

Boşuna çene yarıştırıyorsunuz; küçük bey Fakülteyi yeni bitirmiş, çiçeği burnunda bir allâme, lâfınıza lâf çakıştırıp her zaman sizi susturur. Neden böyle direnip siz de kendinizi ilme vermek istemiyorsunuz, az şeref mi bu?

BELINE

Belki bir başka meyli vardır?

ANGELIQUE

Öyle bir şey olsaydı, Madam, merak etmeyin akıllıca, namusluca bir şey olurdu.

ARGAN

Şu hale bakın! Ben burada bostan korkuluğuyum galiba.

BELINE

Yerinizde olsam, onu hiç evlenmeye zorlamazdım, yavrucuğum, ben bilirdim ne yapacağımı.

ANGELIQUE

Ne demek istediğinizi anlıyorum, Madam, benim için ne iyi şeyler düşündüğünüzü de bilirim; ama verdiğiniz öğütler kimseyi mutlu etmiyeceği için tutan da olmıyacak galiba.

BELINE

Evet, ne yazık ki sizin gibi aklıbaşında, namuslu kızlara babalarını dinlemek, onların

---

1) Ortaçağdan kalma, lâtince üç tartışma terimi: Ayırdediyorum. (Distinguo), kabul ediyorum (Concedo), reddediyorum (Nego) anlamlarına.

sözünden dışarı çıkmamak vız geliyor artık. Saygı, terbiye bir zamanlar varmış.

ANGELIQUE

Bir kızın babasına olan vazifelerinin de bir sınırı vardır, Madam, akıl da kanun'da herşeyi vazife haline getirmez.

BELINE

Demek ki siz aslında evlenmeye karşı değilsiniz; değilsiniz ama kendi keyfinize göre bir koca seçmek istiyorsunuz.

ANGELIQUE

Babam beni hoşuma giden bir adama vermek istemiyorsa, çok rica ederim, bari hiç sevemiyeceğim bir adamla evlenmeğe zorlamasın.

ARGAN

Beyler, bu olanlardan dolayı affınızı dilerim.

ANGELIQUE

Evlenmekten herkesin bir beklediği vardır. Kendi hesabıma, kocamı gerçekten sevmek, bütün hayatımı kendisine bağlamak dileğinden başka bir dileğim olmadığı için, doğrusu biraz ihtiyatlı davranmak istiyorum. Bazı kızlar vardır, sadece analarıyla babalarının baskısından kurtulmak, canlarının her istediğini yapabilmek için kocaya varırlar. Bazıları da vardır, Madam, evlenmeyi yalnız kendi çıkarlarına işleyen bir ticaret haline getirmişllerdir, bunlar sırf kocalarının malına, mülküne konmak, onların ölümüyle zengin olmak için evlenirler ve terekelerine sahibolmak için kocadan kocaya koşmaktan da çekinmezler. Böyleleri pek öyle ince eleyip sık dokumazlar tabii, evlenecekleri adama da alıcı gözle bakmazlar.

BELINE

Bakıyorum, bugün pek ince fikirler yürütüyorsunuz, bu sözlerle ne demek istiyorsunuz, anlıyabilir miyim?

ANGELIQUE

Ben mi, Madam? Dediğimden başka ne demek istemiş olabilirim?

BELINE

O kadar münasebetsizsiniz ki, güzelim, artık çekilmiyorsunuz.

ANGELIQUE

Madam, bana zorla terbiyemi bozdurmak istiyorsunuz ama, haber vereyim, başaramıyacaksınız.

BELINE

Küstahlığınıza diyecek yok.

ANGELIQUE

Hepsi boşuna, Madam, istediğinizi söyleyin.

BELINE

Üstelik o ne gülünç azâmet, o ne arsızca kendini beğenmişlik, herkes sizi ayıplıyor.

ANGELIQUE

Bütün bunlar hiç bir işe yaramıyacak, Madam. Size inat akıllı uslu olacağım; ve meramınıza ermek ümidini de ortadan kaldırmak için gözünüzün önünden çekilip gideceğim.

ARGAN, *Çıkmakta olan Angélique'e*

Beni dinle, bu işin ortası yok. Dört güne kadar ya Mösyö ile evlenirsin, ya da bir manastırla. *(Béline'e)* Sen canını üzme, ben onu hizaya getiririm.

BELINE

Senden ayrılacağıma üzgünüm, yavrucuğum, ama şehirde mutlaka görülmesi gereken bir işim var. Çabuk dönerim.

ARGAN

Hadi git, canımın içi, noterine de uğrayıver, o bildiğin şeyleri bir an önce hazırlayıp göndersin.

BELINE

Allaha ısmarladık, kocacığım.

ARGAN

Güle güle, hayatım. İşte beni candan seven bir kadın... İnsanın bir türlü inanacağı gelmiyor.

MÖSYÖ DIAFOIRUS

Efendim, biz de artık müsaadenizi istiyelim.

ARGAN

Rica etsem de, Efendim, bana biraz bakıp nasıl olduğumu söyleseniz.

MÖSYÖ DIAFOIRUS, *Nabzını yoklayarak*

Haydi, Thomas, Beyefendinin öbür bileğini de sen tut, bakalım nabzı hakkında doğru bir hükme varabilecek misin. *Quid dicis?*[1]

THOMAS DIAFOIRUS

Dico[2] ki, Beyefendinin nabzı, sağlığı hiç de yerinde olmıyan bir adamın nabzıdır.

MÖSYÖ DIAFOIRUS

Güzel.

THOMAS DIAFOIRUS

Sert diyemezsem de, biraz sertçe atıyor.

---

1) Lâtince «Ne diyorsun?» anlamına.
2) Lâtince «Diyorum» anlamına.

II. Perde, VI. Sahne. Soldan sağa: Toinette (Ayten Gökçer), Mösyö Diafoirus (K. Afar), Argan (Cüneyt Gökçer), Thomas Diafoirus (Soner Ağın).

MÖSYÖ DIAFOIRUS

Çok güzel.

THOMAS DIAFOIRUS

İtici bir atış.

MÖSYÖ DIAFOIRUS

Bene[1]

THOMAS DIAFOIRUS

Duraklar gibi oluyor, derken hızlı hızlı gene atmıya başlıyor.

MÖSYÖ DIAFOIRUS

Optime[2]

THOMAS DIAFOIRUS

Bu da *splenik parankima*'da[3], yani dalakta bir bozukluğa delâlet eder.

MÖSYÖ DIAFOIRUS

Âlâ!

ARGAN

Hayır; Mösyö Purgon karaciğerim bozuk diyor.

MÖSYÖ DIAFOIRUS

Eh, o da doğru sayılır: *parankima* denilince akla ikisi de gelir; çünkü bunların midenin alt deliği, kılcal damarlar ve çoğu zaman safra yolları ile yakın ilişkileri vardır. Her halde Mösyö Purgon size bol bol ızgara etler, kebaplar veriyordur.

ARGAN

Hayır, haşlama et suyundan başka bir şey vermiyor.

MÖSYÖ DIAFOIRUS

Tabii! Tabii: ha ızgara, ha haşlama, hepsi aynı şey. Çok ihtiyatlı davranıyor doğrusu, ondan daha iyi bir doktor bulamazsınız.

---

1) Lâtince «İyi» anlamına.
2) Lâtince «Çok iyi» anlamına.
3) Dalak dokusu.

ARGAN

Efendim, bir yumurtaya acaba kaç tuz tanesi koymalı?

MÖSYÖ DIAFOIRUS

Altı, sekiz veya on tane, ama hep çifter çifter, ilaçlar için teker teker olduğu gibi.[1]

ARGAN

Güle güle, gene görüşürüz efendim.

VII. SAHNE

BELINE, ARGAN

BELINE

Sokağa çıkmadan önce, sana birşey haber vermeğe geldim, yavrucuğum, dikkat edesin diye. Demin, Angélique'in odasının önünden geçiyordum, onu genç bir erkekle gördüm, delikanlı beni görür görmez kaçıp gitti.

ARGAN

Kızımın yanında bir delikanlı mı?

BELINE

Evet, yavrucuğum. Küçük kızın Louison da onlarla beraberdi, olup bitenleri ondan öğrenebilirsin.

ARGAN

Onu buraya gönder, hayatım, çabuk buraya gönder. *(Yalnızdır.)* Vay! rezil vay! Demek onun içinmiş ayak diremesi.

---

1) Eski hekimlerin çoğu gıdalara konacak şeyleri daima çift, ilaçlara karıştırılan şeyleri de tek sayı üzerinden tespit ederlermiş.

VIII. SAHNE

LOUISON, ARGAN

LOUISON

Bir şey mi istiyorsunuz, babacığım? Ciciannem beni çağırdığınızı söyledi de.[1]

ARGAN

Evet, şöyle gel bakayım, yaklaş, yaklaş. Bana dön, bana. Gözlerini kaldır. Yüzüme bak, bakayım, Eee!

LOUISON

Ne var, babacığım?

ARGAN

Eee!

LOUISON

Nasıl?

ARGAN

Bana anlatacağın birşey yok mu?

LOUISON

Canınız sıkılıyorsa, «Eşek postu» hikâyesini anlatayım, isterseniz, yahut «Karga ile Tilki» masalını, onu daha yeni öğrendim.

ARGAN

Masal anlatmanı istemiyorum ben senden.

LOUISON

Peki, ne istiyorsunuz?

ARGAN

Seni kurnaz, seni! ne demek istediğimi pek alâ anlıyorsun.

LOUISON

Affedersiniz ama, babacığım, anlamıyorum.

---

1) Béline'in onu, birisini gönderip, çağırtmıya vakti olmamıştır; Angélique'in odasından gelirken, Louison'u da beraber getirdiği anlaşılmaktadır.

ARGAN

Sen benim dediklerimi böyle mi yapıyorsun?

LOUISON

Nasıl?

ARGAN

Ben sana dememiş miydim, ne görürsen derhal gelip bana anlatacaksın diye?

LOUISON

Evet, babacığım.

ARGAN

Yaptın mı dediğimi?

LOUISON

Yaptım, babacığım. Gördüklerimin hepsini gelip size anlattım ya.

ARGAN

Peki, bugün bir şey görmedin mi?

LOUISON

Görmedim, babacığım.

ARGAN

Hiç mi?

LOUISON

Hiçbir şey görmedim, babacığım.

ARGAN

Emin misin?

LOUISON

Elbette.

ARGAN

Ya! dur, öyleyse ben sana bir şeyler göstereyim. *(Sert ağaç dalından kesilmiş değneği almıya gider.)*

LOUISON

Ah! babacığım!

ARGAN

Seni, cadı yavrusu seni! Ablanın odasında bir erkek görürsün de bana söylemezsin, öyle mi?

LOUISON

Babacığım!

ARGAN

Ben sana yalan söylemesini öğretirim şimdi.

LOUISON, *Dizlerine kapanarak*

Nolur, babacığım, affedin beni. Ablam size söylemememi tembih etmişti de, onun için söylemedim; ama hepsini anlatacağım size.

ARGAN

Önce, yalan söylediğin için, sopayı yiyeceksin. Üst tarafını sonra düşünürüz.

LOUISON

Affedin, babacığım, bir daha yapmam.

ARGAN

Hayır, hayır.

LOUISON

Babacığım, canım babacığım benim, nolur dövmeyin beni.

ARGAN

Döveceğim.

LOUISON

Allah aşkına dövmeyin, babacığım.

ARGAN, *Dövmek için yakalar.*

Değneği ye de aklın başına gelsin.

LOUISON

Ay! Ay! babacığım, canımı yaktınız, yaraladınız beni. Ay! Ay! bırakın ölüyorum, öldüm. *(Ölmüş gibi yapar.)*

ARGAN

Ne! Ne oluyor? Louison, Louison! Aman Allah; Louison! Hişt! Kızım! Eyvah! bu da mı başıma gelecekti, yavrucuğum öldü. Ne halt-ettim ben? Ah yere batası değnek! Ah! elim kırılsaydı da vuramaz olsaydım! Ah! benim talihsiz kızım, zavallı Louison'cuğum!

LOUISON

Durun, durun, babacığım, o kadar ağlamayın; büsbütün ölmedim.

ARGAN

Bak şu küçük düzenbaza! Hadi, hadi, neyse, bu seferlik affediyorum, ama herşeyi bana anlatacaksın.

LOUISON

Tabii! Tabii, anlatacağım, babacığım.

ARGAN

Ama dikkat et, bak bu serçe parmak herşeyi biliyor, yalan söylemiye kalkarsan bana haber verir.

LOUISON

Peki ama, babacığım, nolur ablama birşey söylemeyin.

ARGAN

Olur, olur, söylemem.

LOUISON

Şey, babacığım, ben ablamın odasında iken bir adam geldi.

ARGAN

Ee, sonra?

LOUISON

Sonra, babacığım, ben ne istediğini sordum ona, o da bana, ablanın şarkı hocasıyım dedi.

ARGAN

Haha! İş anlaşıldı. Sonra?

LOUISON

Sonra ablam geldi.

ARGAN

Eeee?

LOUISON

Ablam ona dedi ki: «Çıkın, çıkın, gidin buradan! Allah aşkına gidin! beni mahvedeceksiniz.»

ARGAN

Eeee?

LOUISON

Ama o gitmek istemiyordu.

ARGAN

Peki, ne diyordu?

LOUISON

Ne bileyim, bir sürü şeyler söylüyordu.

ARGAN

Ne, meselâ?

LOUISON

Bir sürü şeyler, yok ablamı çok seviyormuş, ablam dünyanın en güzel kızıymış.

ARGAN

Eeee, sonra?

LOUISON

Sonra, önünde diz çöktü.

ARGAN

Sonra?

LOUISON

Ablamın ellerini öptü.

ARGAN

Daha sonra?

LOUISON

Daha sonra, cici-annem kapıya geldi, o da kaçtı gitti.

ARGAN

Başka birşey olmadı ya?

LOUISON

Olmadı, babacığım.

ARGAN

Bak, ama serçe parmağım bir şeyler fıslıyor. *(Serçe parmağını kulağına götürür.)* Dur bakayım. Ya! ya! Demek öyle? Vay! vay! vay! Bak serçe parmağım ne diyor, birşeyler daha görmüşsün ama bana söylemiyormuşsun.

LOUISON

Hiç de değil, babacığım, sizin o serçe parmağınız, çok yalancı bir parmak.

ARGAN

Dikkat et.

LOUISON

Hayır, babacığım, inanmayın ona, kör olayım yalan söylüyor.

ARGAN

Peki, peki! Onu da anlarız. Hadi sen şimdi git ve gözünü dört aç. Ah! Ah! Dünyada çocuk kalmamış, hepsi şeytan. Başıma ne işler açıldı! hastalığımı düşünmeğe bile vakit yok. Uğraşacak halim kalmadı doğrusu, bittim artık, bittim. *(İskemlesine oturur.)*

IX. SAHNE

BERALDE, ARGAN

BERALDE

Aaa, neniz var, kardeşim? Sağlığınız nasıl?

ARGAN

Ah! kardeşim, sorma, hiç iyi değilim.

BERALDE

Nasıl, iyi değil misiniz?

ARGAN

Evet, çok bitkin bir haldeyim, inanılmayacak kadar.

BERALDE

Vah, vah, çok üzüldüm.

ARGAN

Konuşmıya bile kuvvet bulamıyorum kendimde.

BERALDE

Kardeşim, ben de size, Angélique için iyi bir kısmet çıktığını söylemeğe gelmiştim.

ARGAN, *Öfkelenerek ve iskemlesinden ayağa fırlayarak.*

Bana o edepsizden sözetme de kimden edersen et. O düzenbaz, rezil, küstah kızı iki güne kalmaz bir manastıra kapatacağım.

BERALDE

Hah şöyle! Biraz canlanın da yüzümüz gülsün, ziyaretimizin size bir faydası olsun. İşten güçten sonra konuşuruz. Yolda rastladığım çok eğlenceli, neşeli bir maskara[1] topluluğunu alıp size getirdim, sıkıntınız dağılır, içiniz açılır da konuşacaklarımızı daha rahat konuşuruz. Bunlar, arap kıyafetine girmiş çingeneler, şarkıyla karışık danslar yapıyorlar, eminim hoşunuza gidecektir; Mösyö Purgon'un reçetesinden daha iyi gelmezse istediğinizi söyleyin. Hadi gidip görelim.

İKİNCİ PERDENİN SONU

1) Olayın karnaval zamanında geçtiği anlaşılıyor.

ÜÇÜNCÜ PERDE

I. SAHNE

BERALDE, ARGAN, TOINETTE (1)

BERALDE

Eee! nasıl buldunuz, Kardeşim? Bu cümbüş Hint hıyarıyla(2) bir tertip müşhil almaktan daha iyi değil mi?

ARGAN

Yoo! Hint hıyarının iyisi hiçbir şeye değişilmez.

BERALDE

Yapmayın canım! Sizinle şöyle başbaşa biraz konuşsak, ne dersiniz?

ARGAN

Biraz sabret, derim, şimdi geliyorum.

TOINETTE

Şunu alın, Beyefendi, bastonsuz yürüyemeyeceğinizi unutuyorsunuz galiba.

ARGAN

Doğru, haklısın.

---

1) Dekor: Beralde ile Argan, Argan'ın odasına dönmüşlerdir. Perde arasında, bir başka odada, yahut zemin katındaki salonda çingenelerin «arap» dansını seyrettikleri anlaşılmaktadır.

2) Aslı «casse». (Latince «Cassia», yunanca «Kassia») Mısır ve Hindistan'da çıkan baklagillerden bir bitki. İnce, uzun meyvesi, penbe ve şekerli tanelerinin bağırsakları temizleyici niteliğinden ötürü eski hekimlikte çok kullanılırmış. Bizde «Hint hıyarı», «Hıyarı Şembe» ve «Hint Tarçını» diye bilinir.

II. SAHNE

BERALDE, TOINETTE

TOINETTE

Aman, ne olur, yiğeninizin işini ihmal etmeyin, onun mutluluğunu düşünün.

BERALDE

Muradına ermesi için her çareye başvuracağım.

TOINETTE

Kafasına koyduğu bu ipe sapa gelmez evlenmeye mutlaka engel olmalıyız. Onun için ben buraya bir doktor getirmeyi düşünmüştüm, onu Mösyö Purgon'dan soğutacak, ne yalan yanlış işler yaptığını meydana çıkarıp gözünden düşürecek birini, kafamıza uygun bir doktor, çok iyi bir şey olacaktı doğrusu. Ama elimizin altında bu işi yapabilecek biri yok, ben de aklıma estiği gibi bir oyun oynamıya karar verdim.

BERALDE

Nasıl bir oyun?

TOINETTE

Kafadan atma, güldürücü bir oyun. Pek akıllıca bir şey değil belki, ama sonu iyi bitebilir. Siz işin o tarafını bana bırakın da harekete geçin, kendinize düşeni yapın. İşte bizimki geliyor.

III. SAHNE

ARGAN, BERALDE

BERALDE

Kardeşim, herşeyden önce, konuşurken kızıp öfkelenmiyeceksiniz, lûtfen bana söz verin.

ARGAN

Olur, olur.

BERALDE

Size söyliyebileceğim bazı şeylere burularak ters cevaplar vermiyeceksiniz.

ARGAN

Peki.

BERALDE

Konuşacağımız işler üzerinde, hiç hırsa kapılmadan, serin kanlılıkla görüşüp tartışacağız.

ARGAN

Peki canım! peki. Amma da giriş yaptın ha.

BERALDE

Sevgili kardeşim, nasıl olur da bunca mal mülk sahibiyken, tek bir kızdan başka evlâdınız yokken, çünkü küçüğü hesaba katmıyorum, evet, nasıl olur da kızınızı manastıra kapatmaktan söz edersiniz?

ARGAN

Sevgili kardeşim, nasıl olur da ailemin reisi olarak bu evde benim hükmüm geçerken, canrm ne isterse onu yapamazmışım?

BERALDE

Karınız da size bu öğüdü veriyor, böylelikle iki kızınızı da başınızdan atmıya teşvik ediyor sizi, sofuluğundan her halde, onların sâf iki rahibe olduklarını görse eminim pek sevinecek.

ARGAN

Tamam! İşte gene oraya geldik. Herşeyin başı o, zavallı kadını işe karıştırmasak olmaz: bütün kötülükler ondan geliyor. Herkes ona düşman.

BERALDE

Hayır, kardeşim; onu bırakalım: aileniz için çok iyi niyetler besleyen, her türlü çıkar düşüncesinden uzak; size derin bir muhabbetle bağlı, çocuklarınıza inanılmayacak kadar şefkat gösteren, iyi davranan bir kadın: orası muhakkak. Evet, onu bırakalım da kızınıza dönelim. Hangi düşünceyle onu bir doktarun oğluna vermek istiyorsunuz, kardeşim?

ARGAN

Tam bana göre bir damat edinmek düşüncesiyle, kardeşim.

BERALDE

Sizin işinize yarayacak damat kızınızın işine yaramaz ki, kardeşim, hem ona daha uygun bir kısmet çıktı.

ARGAN

Evet, ama, o bana daha uygun.

BERALDE

İyi ama, kardeşim, kız sizin için mi kocaya varacak, yoksa kendisi için mi?

ARGAN

Hem benim için, hem kendisi için, kardeşim; ben, bana lâzım olan kimseleri aileme sokmak isterim.

BERALDE

Demek, küçük kızınız yetişmiş olsaydı onu da, aynı düşünceyle bir eczacıya[1] verecektiniz, öyle mi?

ARGAN

Belki de. Niye olmasın?

---

1) Molière zamanında eczacılar, ilaç malzemesi ve baharat satan, «dükkâncı»lar diye anılıyor, aktar ve bakkal esnafiyle karıştırılıyorlardı.

BERALDE

Şaşılacak şey doğrusu, şu eczacı, doktor derdinden bir türlü kendinizi kurtaramıyacak mısınız, doğaya, insanlara inat hep böyle hasta mı kalmak istiyorsunuz?

ARGAN

Ne demek istiyorsun, kardeşim?

BERALDE

Şunu demek istiyorum, kardeşim, tanıdığım insanlar içinde sizden daha az hastalanan yok, keşke benim bünyem de sizinki kadar sağlam olsaydı. Sağlığınızın yerinde olduğu, doğuştan kusursuz yaratıldığınız şundan belli ki bu kadar çok tedavi gördüğünüz halde bünyenizin sağlam yapısını halâ bozamadınız, yutturdukları bütün o haplardan, ilaçlardan da, çok şükür ölmediniz.

ARGAN

Kardeşim, beni o ilaçlar ayakta tutuyor; Mösyö Purgon diyor ki, üç gün bana bakmasa elden gidermişim, biliyor musun?

BERALDE

Onu bilmem ama, gözünüzü açmazsanız, size öyle iyi bakacak ki öbür dünyaya yollayıverecek.

ARGAN

İyi ama, kardeşim, biraz düşünelim. Sen tıp ilmine inanmıyor musun?

BERALDE

Hayır, kardeşim, inanmıyorum. Sağlığımız için inanmak gerektiğini de sanmıyorum.

ARGAN

Ne demek! bütün dünyanın kabul ettiği, her çağın saygı gösterdiği bir gerçeği sen kabul etmiyor musun?

BERALDE

Kabul etmek şöyle dursun, lâf aramızda, insanların kapıldıkları en büyük çılgınlıklardan biri sayıyorum; olup bitenlere filozofça baktığımız zaman, bir insanın bir başka insanı tedavi etmeye kalkmasından daha gülünç bir şey göremiyorum.

ARGAN

Neden bir insan bir başka insanı tedavi edemesin?

BERALDE

Şundan, kardeşim, insan denen makinenin nasıl işlediği bugüne kadar anlaşılamamış, sır halinde kalmış, doğa da gözlerimizin önüne öyle kalın perdeler çekmiş ki birşey görmemize imkân yok.

ARGAN

Sence doktorlar hiçbir şey bilmiyorlar, öyle mi?

BERALDE

Bilmez olurlar mı, kardeşim, genellikle iyi edebiyatçıdırlar, güzel lâtince konuşurlar, bütün hastalıkların yunanca adlarını, tariflerini, her birinin kaç çeşide ayrıldığını bilirler; ama iş hastayı iyi etmiye geldi mi, işte onu hiç bilmezler.

ARGAN

Öyle ama, şunu kabul edelim ki, doktorlar bu konuda herhalde doktor olmıyanlardan daha fazla bir şeyler biliyorlardır.

BERALDE

Evet, kardeşim, işte o söylediğim şeyleri bilirler, o da hastayı iyi etmeğe yetmez; sanatlarının en mükemmel tarafı tumturaklı bir dille boş ve anlamsız nutuklar çekmekten, şatafatlı bir ağız kalabalığı etmekten öteye gitmez. Bunlarda sebep yerine bir sürü lâftan, netice yerine de bir sürü vaitten başka birşey bulamazsınız.

ARGAN

Peki ama, kardeşim, senin kadar akıllı, senin kadar bilgili başka insanlar da var; hasta oldular mı hepsi doktora koşuyorlar.

BERALDE

Doktorlara inandıklarından değil, insan olarak hastalıklara karşı zayıf olduklarından.

ARGAN

Ama doktorlar, kendileri inanıyorlardır her halde sanatlarına, kendileri için de onu kullandıklarına göre.

BERALDE

Evet, içlerinde, saflığından faydalandıkları halkın düştüğü yanılgıya düşenler, aynı saflığı gösterenler vardır tabii, ama bunu yapmadan işlerini yürütenler de var. Mesela, sizin Mösyö Purgon'unuz, işin bu inceliklerinden hiç anlamaz; adam tepeden tırnağa, sırsıklam doktor, matematik düşüncenin ortaya koyduğu gerçeklerden çok kendi kurallarına inanır, o gerçekleri incelemeyi bile cinayet sayar; onun için hekimlikte ne karanlık bir nokta, ne şüphe edilecek bir şey, ne de herhangi bir güçlük vardır, ön yargının aşırıkları, körükörüne inanışın katılığı içinde, ortakduyuya, akıl ve mantığa uygun sandığı ilkeleri ulu orta uygular, faydasını zararını hiç düşünmeden hacamat ettirir, lavman yaptırır. Bütün bunları kötülük olsun diye yaptığını da sanmayın, dünyanın en iyi niyetiyle sizi rahat rahat öbür tarafa yollar, çünkü sizi öldürürken yaptığı şeyi, zaten karısına, çocuklarına da yapmaktadır, gerekirse kendisine de yapacaktır.

ARGAN

Senin de bu adama amma hıncın varmış, kardeşim. Ne ise bırakalım onu da, neticeye gelelim. Hastalandığımız zaman ne yapmalı?

BERALDE

Hiçbir şey, kardeşim.

ARGAN

Hiçbir şey mi?

BERALDE

Hiçbir şey. Sadece dinlenmeli. Doğayı kendi halinde bıraktığımız zaman içine düştüğü düzensizlikten kendi kendisini yavaş yavaş kurtarır. İşi berbadeden bizim kapıldığımız telaş, kendi sabırsızlığımızdır, hemen hemen bütün insanlar, tutuldukları hastalıklardan değil, aldıkları ilaçlardan ölürler.

ARGAN

İyi ama, kardeşim bazı şeylerle doğaya yardım edilebileceğini de kabul etmeliyiz.

BERALDE

Ah! Kardeşim, bunlar bizim kapılmaktan kendimizi alamadığımız boş düşüncelerdir; insanlar ötedenberi böyle güzel hayallere yer vermişlerdir kafalarında, gururumuzu okşadığı, gerçek olmasını herkesin dilediği bir şey olduğu için de bu hayallere inanırız. Bir hekim size doğaya yardım etmekten, bize verdiği bünyenin hastalığa karşı giriştiği savaşta onun imdadına koşmaktan, yükünü hafifletmekten, onu kendisine zarar veren şeylerden kurtarıp eskisi gibi bütün görevlerini kolaylıkla yapabilecek hale getirmekten söz ederse; kanı temizlemekten, bağırsakları ve beyin damarlarını işletmekten, dalağın şişkinliğini gidermekten, göğsü iyileştirmekten, karaciğeri düzeltmekten, kalbi kuvvetlendirmekten, harareti düşürüp tabiî hale getirmekten, hayatı uzun yıllar boyunca uzatmanın sırlarına sahib olduğundan dem vurursa, bilin ki size masal okumaktadır: tastamam hekimlik masalını. Ama gerçeğe ve deneylere baktığınız zaman bunların hiçbirini bulamazsınız, hani güzel bir rüyadan uyanınca o rüyaya inanmış olmanın verdiği bir burukluk duyarsınız ya, işte bu masaldan size kalan da ona benzer bir şeydir.

ARGAN

Anlaşılan dünyanın bütün ilmi, fenni senin kafanda toplanmış, herşeyi de zamanımızın en büyük hekimlerinden daha iyi biliyorsun.

BERALDE

Sizin o büyük hekimleriniz, sözlerinde başka, yaptıklarında başka, iki türlü insanlardır. Konuşmalarını dinleyin: dünyanın en bilgili adamları. Yaptıklarını görün: bütün insanlar içinde en cahilleri.

ARGAN

Şaştım, doğrusu! Ne büyük bir üstatmışsın da haberimiz yokmuş! Doktor efendilerden biri keşke burada olsaydı, senin o parlak fikirlerini bak nasıl ağzına tıkar, sesini soluğunu keserdi.

BERALDE

Ben hekimlikle savaşmıya çıkmadım, kardeşim, ama herkes, kârı zararı kendisine ait olmak şartiyle, istediği şeye inanabilir. Bütün bunları aramızda konuşuyoruz, sizi saplandığınız yanlış düşüncelerden, biraz olsun kurtarabilmeyi, eğlendirmek için de Molière'in bu konuda yazdığı komedilerden birine götürmeyi çok isterdim.

ARGAN

Senin Molière epik sapık bir adam, komedileri de kendine benziyor. Hekimler gibi aklı başında, kibar insanları sahneye çıkarıp onlarla alay etmesini gülünç buluyorum doğrusu.

BERALDE

Onun alay ettiği hekimler değil, hekimliğin gülünç yönleri.

ARGAN

Hekimliği diline dolayıp eleştirmek sanki ona düşmüş! Ne budala, ne zırzop adam, sen tut hekimlerin hasta muayeneleriyle, reçeteleriyle alay et, hekimler topluluğuna saldır, onlar gibi saygıdeğer kişileri tiyatronun sahnesine çıkar.

BERALDE

Insanların çeşitli mesleklerini, marifetlerini çıkarmasın da ne çıkarsın oraya? Prensleri Kralları da her gün çıkarıyorlar sahneye, onlar da doktorlar kadar varlıklı, soylu soplu kişiler.

ARGAN

Canı cehenneme! Ben hekim olsaydım bu densizliğin öcünü alırdım ondan, hastalandığı zaman, bakmıya bile gitmez, kendi kendine ölmeğe bırakırdım onu. İstediği kadar yalvarsın, diller döksün, ne bir azcık hacamat, ne bir küçük şırınga, ona derdim ki: «Patla! Geber! Tıp Fakültesine uluorta saldırmak neymiş bir daha sefere öğrenmiş olursun.»

BERALDE

Bakıyorum, ona karşı ateş püskürüyorsunuz?

ARGAN

Elbette, patavatsız herifin biri. Bu doktorlarda akıl varsa dediğim gibi yaparlar.

BERALDE

Merak etmeyin Molière sizin doktorlardan daha akıllı çıkacak, onlardan yardım istemiyecektir.

ARGAN

Kendi bilir, ilaç almazsa çekeceği var.

BERALDE

Sebepsiz değil ilaç almak istememesi, ona göre ancak güçlü kuvvetli, sağlam yapılı insanlara ilaç verilmeliymiş, hastalığın yanısıra bir de ilaca dayanabilmek yalnız onların harcıymış; kendisine gelince, ancak hastalığa dayanabilecek kadar gücü varmış.

ARGAN

Ne ahmakça sebepler bunlar! Yeter, kardeşim, bırakalım artık bu adamın lâfını, çünkü saframı kabartıp, hastalığımı azdıracaksın.

BERALDE

Peki, kardeşim; yalnız sözü değiştirmek için şu kadarını söyleyeyim ki, kızınız biraz dikbaşlılık etti diye bu kadar sert kararlar almıya, onu bir manastıra kapatmıya kalkmamalısınız; damat seçerken de öfkenize kapılıp körükörüne hareket etmeyin, bu işlerde biraz da kızın gönlüne göre davranmak gerekir, çünkü bütün hayatı o adamla geçecek, evliliğin mutlu olması da onu sevmesine bağlıdır.

IV. SAHNE

ARGAN, BERALDE, MÖSYÖ FLEURANT,

elinde bir şırınga vardır:

ARGAN

Aman! kardeşim, bana bir az müsaade.

BERALDE

Hayrola! ne yapmak istiyorsunuz?

ARGAN

Küçük bir lavman yaptıracaktım da; uzun sürmez.

BERALDE

Alay mı ediyorsunuz, kardeşim. Siz hiç lavman yaptırmadan, ilaç almadan duramaz mısınız? Başka zaman yaptırırsınız, şimdi biraz dinlenin.

ARGAN

Mösyö Fleurant, akşama gelseniz, yahut yarın sabaha bıraksak bu işi.

MÖSYÖ FLEURANT, *Béralde'e*

Siz ne karışıyorsunuz, ne sıfatla tababetin emirlerine karşı geliyor, Beyefendiye engel olup tenkiyemi yaptırmıyorsunuz? Çok gülünç doğrusu bu cüretiniz!

BERALDE

Hadi, Bayım, hadi, belli ki siz insanların başka yerine bakmaktan onlarla yüzyüze konuşmaya alışmamışsınız[1].

MÖSYÖ FLEURANT

İlaçlarla alay etmeğe, bana da vakit kaybettirmeye hakkınız yok. Ben buraya doktor reçetesi üzerine geldim, emirlerini yerine getirmeme, vazifemi yapmama nasıl engel olduğunuzu gidip Mösyö Purgon'a söyleyeceğim, görürsünüz siz, görürsünüz...

---

1) Boursault'nun anlattığına inanmak gerekirse, ilk temsilde bu replik metne şu şekilde girmişti: «Hadi, Bayım, hadi; yalnız kıçlarla konuşmıya alışık olduğunuz belli.

ARGAN

Aman kardeşim, bir felakete sebep olacaksın.

BERALDE

Mösyö Purgon'un emrettiği bir lavmanı yaptırmamak da ne büyük felaket ya! Birşey daha söyliyeyim de tamam olsun, kardeşim, sizi şu doktor hastalığından kurtarmıya imkân olmıyacak mı, bütün hayatınızı onların ilaç yığınlarına gömülü olarak mı geçirmek istiyorsunuz?

ARGAN

Ah! Kardeşim, senin sağlığın yerinde, onun için böyle konuşuyorsun; ama, benim yerimde olsaydın bak nasıl ağız değiştirirdin. İnsanın gücü kuvveti yerinde iken hekimliğin aleyhinde sözetmek kolaydır.

BERALDE

Canım, sizin ne hastalığınız var ki?

ARGAN

Sen beni deli edeceksin. İnşallah başına gelir de anlarsın, bakalım o zaman böyle zevzeklik edebilir misin. İşte, Mösyö Purgon da geldi.

V. SAHNE

MÖSYÖ PURGON, ARGAN, BERALDE, TOINETTE

MÖSYÖ PURGON

Aşağıda, daha kapıdan girerken, güzel haberler aldım doğrusu: benim reçetelerimle alay ediliyormuş burada, yapılmasını söylediğim bir tenkiyeyi de yaptırmamışlar.

ARGAN

Efendim, yaptırmak istemeyen...

MÖSYÖ PURGON

Bu ne büyük cüret, bir hastanın doktoruna böyle isyan ettiği hiç görülmemiştir.

TOINETTE

Korkunç bir şey bu.

MÖSYÖ PURGON

Kendi elimle, özene bezene hazırladığım bir tenkiye.

ARGAN

Yaptırmayan ben değilim...

MÖSYÖ PURGON

İlmin bütün kurallarına uygun olarak keşfedip tertip ettiğim bir tenkiye.

TOINETTE

Yazıklar olsun.

MÖSYÖ PURGON

Harikulade bir tesiri olacaktı bağırsaklarda.

ARGAN

Kardeşim...

MÖSYÖ PURGON

Böyle bir lavmanı hor görüp reddetmek!

ARGAN, *Béralde'i göstererek*

O istemedi...

MÖSYÖ PURGON

Ne pervasızca bir hareket.

TOINETTE

Çok doğru.

MÖSYÖ PURGON

Tababete karşı büyük bir suikast.

ARGAN, *Béralde'i göstererek*

Onun yüzünden...

MÖSYÖ PURGON

Fakülte'ye karşı işlenmiş böyle bir cinayete ne ceza verilse azdır.

TOINETTE

Haklısınız.

MÖSYÖ PURGON

Sizinle hiçbir alışverişim kalmadığını bilesiniz.

ARGAN

Kardeşim yaptı...

MÖSYÖ PURGON

Artık dünürünüz olmak da istemiyorum

TOINETTE

Çok iyi edersiniz.

MÖSYÖ PURGON

Sizinle olan bütün ilişkimi kesmek için de, işte yeğenime düğün hediyesi olarak hazırlattığım bağış senedini bakın ne yapıyorum. *(Senedi yırtar.)*

ARGAN

Kardeşim yaptı bütün bu kötülüğü.

MÖSYÖ PURGON

Lavmanımı hor görmek!

ARGAN

Getirsinler, hemen yaptırayım.

MÖSYÖ PURGON

Oysa, kısa zamanda sizi bu dertten kurtaracaktım.

III. Perde, V. Sahne. Soldan sağa: Béralde (Asuman Korad), Toinette (A. Gökçer), Mösyö Purgon (Muammer Esi), Argan (C. Gökçer).

TOINETTE

Buna layık değil.

MÖSYÖ PURGON

Vücudunuzu temizleyecek, içinizdeki bütün ahlâtı[1], safrâyı, balgâmı vesaireyi söküp atacaktım.

ARGAN

Ah, kardeşim!

MÖSYÖ PURGON

On, on iki müshil daha verdim mi ahlât ve safrâ kesenizin dibini kazıyacaktım.

TOINETTE

Değmez bu zahmetlerinize.

MÖSYÖ PURGON

Fakat madem ki benim elimle iyi olmak istemediniz...

ARGAN

Kabahat bende değil.

MÖSYÖ PURGON

Madem ki her hastanın doktoruna borçlu olduğu itaatı göstermediniz...

TOINETTE

İntikam! İntikam!

MÖSYÖ PURGON

Madem ki size verdiğim ilaçlara isyan ettiniz...

---

1) Aslında «humeurs»; insan vücudunda varlığı farzolunan ve eskilerin, «Ahlât-ı erbaa» dedikleri dört unsur veya salgı (dört soyut): pis kan, balgam, safra ve öd.

ARGAN

Hâşâ! hiç eder miyim.

MÖSYÖ PURGON

Ben de sizi o cılız bünyenizle, o bozuk bağırsaklarınızla, o pıhtılaşmış kanınızla, o zehirli safranız ve çürümüş ahlâtınızla başbaşa bırakıyorum.

TOINETTE

Ah ne iyi ediyorsunuz.

ARGAN

Aman Allahım!

MÖSYÖ PURGON

Dilerim dört güne kalmadan, tedavisi imkânsız bir hale düşesiniz.

ARGAN

Ah! acıyın bana!

MÖSYÖ PURGON

Bradypepsie'ye[1] (Mide fesadına) uğrayasınız.

ARGAN

Ah! Mösyö Purgon!

MÖSYÖ PURGON

Bradypepsie'den (Mide fesadından) dyspepsie'ye[2] (Hazım zorluğuna).

ARGAN

Ah! Mösyö Purgon!

MÖSYÖ PURGON

Dyspepsie'den (Hazım zorluğundan) apepsie'ye[3] (mide fecline).

---

1) Ağır ve güç hazım.
2) Hazım zorluğu.
3) Hiç hazmedememek.

ARGAN

Ah! Mösyö Purgon!

MÖSYÖ PURGON

Apepsie'den (Mide felcinden) lienterie'ye[1] (Diyare'ye).

ARGAN

Ah! Mösyö Purgon!

MÖSYÖ PURGON

Lienterie'den (Diyare'den) dysenterie'ye)[2].

ARGAN

Ah! Mösyö Purgon!

MÖSYÖ PURGON

Dysenterie'den hydropisie'ye[3] (Siroz'a) tutulasınız.

ARGAN

Ah! Mösyö Purgon!

MÖSYÖ PURGON

Hydropisie'den (Siroz'dan) sonra da soluğunuzun kesilmesiyle iş bitmiş, akılsızlığınızın cezasını görmüş olursunuz.

VI. SAHNE

ARGAN, BERALDE

ARGAN

Aman Allahım! Öldüm. Mahvettin beni, kardeşim.

---

1) Besin maddelerinin yarı hazmedilmiş olarak vücuttan çıkmasına sebep olan bir çeşit diyare.

2) Kanlı basur.

3) Vücudun, su bulunmaması gereken, bir yerinde su birikmesi; istiska.

BERALDE

Ne var canım? Ne olmuş?

ARGAN

Dayanamıyorum artık. Galiba hekimlik intikamını alıyor, şimdiden bunu hissetmeye başladım.

BERALDE

Vah, vah! siz iyice oynatmışsınız, kardeşim, sizi bu halde görmesinler diye çok şey verirdim. Biraz toparlanın, rica ederim, kendinize gelin, kuruntuya kapılmayın o kadar.

ARGAN

Görmedin mi, kardeşim, ne acaip hastalıklarla beni tehdit etti.

BERALDE

Ne saf adamsınız!

ARGAN

Baksana, dört güne kalmadan tedavi edilemez hale gelecekmişim, öyle diyor.

BERALDE

Onun demesinden ne çıkar? Gaipten haber mi gelmiş, kâhin mi bu adam? Sizi dinledikçe, eceliniz sanki Mösyö Purgon'un elindeymiş de, yüce iradesiyle hayatınızı keyfine göre uzatıp kısaltıyormuş gibi geliyor bana. Şunu iyi bilin ki hayatınızın ilkeleri sizde, kendinizdedir, Mösyö Purgon da ne öfkesiyle sizi öldürebilir, ne de ilaçlarıyla yaşatabilir. İşte, şu olup bitenler, hekimlerden kurtulmak isterseniz, güzel bir fırsat; yok göbeğiniz onlara bağlı da hekimsiz edemiyorsanız, bir başkasını bulmak zor değil ya, belki bunun kadar tehlikeli de olmaz sizin için.

ARGAN

Ah! kardeşim, benim bünyemi, beni nasıl çekip çevirmek gerektiğini o bilir.

BERALDE

Doğrusunu isterseniz, bir takım kuruntulara saplanıp kalmışsınız, herşeyi acaip bir gözle görüyorsunuz.

VII. SAHNE

TOINETTE, ARGAN, BERALDE

TOINETTE

Beyefendi, bir hekim geldi, sizi görmek istiyor.

ARGAN

Hangi hekim?

TOINETTE

Hekimlik hekimi işte.

ARGAN

Ben sana kim olduğunu soruyorum?

TOINETTE

Hiç tanımıyorum; ama bana çok benziyor, hık demiş burnumdan düşmüş, hani anamın namuslu bir kadın olduğunu bilmesem, babam öldükten sonra bana bir oğlan kardeş peydahlamış derdim.

ARGAN

Getir buraya.

BERALDE

Çok talihlisiniz, herşey gönlünüze göre oluyor: doktorun biri giderken öbürü kendiliğinden geliyor.

ARGAN

Aman sus kardeşim, bir felakete sebep olacaksın diye ödüm kopuyor.

BERALDE

Gene başlamayın! Dönüp dolaşıp hep aynı yere geliyorsunuz.

ARGAN

Ne yapayım, sayıp döktüğü o bilmediğim hastalıklar yüreğime oturdu, bu...

VIII. SAHNE

ARGAN, BERALDE, TOINETTE,
Hekim Kılığında

TOINETTE

Efendim, müsaede buyurulursa, her türlü hacamat ve lavman gibi ihtiyaçlarınızda size hizmet etmeğe hazır olduğumu arzetmeğe geldim.

ARGAN

Eksik olmayın, minnettar bıraktınız, efendim. *(Béralde'e)* Şaştım kaldım! Bizim Toinette'in ta kendisi.

TOINETTE

Efendim, özür dilerim, uşağıma bir şey söyleyecektim, unuttum da, şimdi gelirim.[1]

---

1) J. Arnavon'un yorumuna göre («Molière'in Hastalık Hastası» sahife 317) burada Béralde, Toinette'e bir işaret yaparak, kıyafet değişiminin pek başarılı olmadığını anlatmıştır. Bu yoruma göre Toinette, kıyafetine daha iyi bir düzen vermek için dışarıya çıkmaktadır.

ARGAN

Ne dersin, kardeşim, tıpkı Toinette'e benzemiyor mu?

BERALDE

Gerçekten ona benziyor, ama böyle şeyler çok görülmüştür, hikâye kitapları bu garip doğa olaylarıyla doludur.

ARGAN

Ben bu işe şaştım kaldım, hem...

IX. SAHNE

TOINETTE, ARGAN, BERALDE

TOINETTE,

Hekim kılığını o kadar çabuk değiştirmiştir ki az önce o kılıkta sahneye çıktığına inanmak zordur.

Bir şey mi istediniz Beyefendi?

ARGAN

Nasıl?

TOINETTE

Beni çağırmadınız mı?

ARGAN

Ben mi? yoo.

TOINETTE

Kulağım çınlamış öyleyse.

ARGAN

Biraz burada kal da bak gör, bu hekim sana ne kadar benziyor.

TOINETTE, *Çıkarken*

Hah! bir o kalmıştı! Aşağıda dünya kadar işim var, hem ben onu göreceğim kadar gördüm.

ARGAN

İkisini de görmesem aynı insan sanırdım[1]

BERALDE

Bu türlü benzeyişler üzerine inanılmayacak şeyler okumuştum, bugün bile herkesi yanıltan bu gibi olaylarla karşılaşıyoruz.

ARGAN

Bak, bu benzeyişe ben de aldanırdım, aynı insan olduklarına kalıbımı basardım.

X. SAHNE

ARGAN, BERALDE, TOINETTE,
(Hekim Kılığında)

TOINETTE

Affınızı dilerim, Mösyö, kusurumu bağışlayın.

ARGAN, *Alçak sesle, Béralde'e*

Şaşılacak şey!

TOINETTE

Efendim, sizin gibi dillere destan olmuş, bir hastayı doğrusu çok merak ediyordum, onun için sizi görmeğe gelmemi, lûtfedip, hoş karşılayacağınızı umarım; her tarafa yayılmış olan ününüz cesaretimi mâzur gösterebilir.

ARGAN

Aman, efendim, hoş geldiniz.

TOINETTE

Görüyorum ki, Mösyö, yüzüme pek dikkatle bakıyorsunuz. Kaç yaşındayım dersiniz?

---

1) Argan, burada, ikisini yanyana gördüğünü sanmaktadır ve arada hafif bir fark olduğu kanısındadır.

ARGAN

Eh, olsa olsa yirmi altı, yirmi yedi yaşlarında, fazla değil.

TOINETTE

Hah! hah! hah! hah! hah! Tam doksan yaşındayım.

ARGAN

Doksan mı?

TOINETTE

Evet. Bu yaşta bu kadar körpe, bu kadar dinç kalabildimse, sanatımın sırları sayesindedir.

ARGAN

Hayret! doksan yaşında ne güzel, ne genç bir ihtiyar.

TOINETTE

Efendim, ben gezginci doktorum, kentten kente, ilden ile, ülkeden ülkeye gider, şanıma lâyık parlak konular, hekimilkte keşfettiğim o büyük ve güzel sırları[1] denemek fırsatını bana verebilecek, durumlariyle ilgilenmeğe değer hastalar ararım. O bir sürü âdi hastalıklarla, romatizma ve nezle gibi ıvır zıvırla, hafif sıtma nöbetleriyle, dalak ve karaciğer bozukluklariyle, başağrılariyle oyalanmıya tenezzül etmem. Önemli hastalıklar isterim ben: sayıklama nöbetleri içinde dinmeyen ateşler, gü-

1) Bu «sır»ların en ünlüsü de Kınakına'dır. Tehlikeli ve sürekli bir ateşten bu ilaçla kurtulan XIV. Louis, 1679 da İngiliz hekimi Talbot'dan bu «sırrı» 48.000 franga satın almış, ayrıca ona 2.000 frank da aylık bağlamış, bir de nişan vermişti.

III. Perde, X. Sahne. Soldan sağa: Argan (C. Gökçer), Toinette (Hekim kılığında - A. Gökçer), Béralde (A. Korad).

zel vebâlar, su toplamasından şişmiş karınlar, göğüs iltihaplariyle karışık en âlasından zatülcenpler (satlıcanlar); işte bunlara bayılırım, böyle hastalıkları yere sererim ben. Ah, Efendim, keşke bütün bu saydığım hastalıklara tutulmuş olsaydınız, bütün hekimler sizi bırakıp gitmiş olsalardı, ümitsizlik içinde, can çekişirken bulsaydım sizi de ilaçlarımın ne kadar etkili olduğunu, size hizmet etmeğe nasıl can attığımı görseydiniz.

ARGAN

Sağ olun, var olan, efendim, bu iyiliklerinize nasıl teşekkür edeceğimi bilemiyorum.

TOINETTE

Nabzınızı verin bana. Hadi, doğru dürüst at bakalım. Yoo! ben seni hale yola koymasını bilirim. Vay! bu ne küstah nabız böyle: anlaşıldı, sen daha beni tanımıyorsun. Doktorunuz kim?

ARGAN

Mösyö Purgon.

TOINETTE

Defterimdeki büyük hekimler arasında böyle bir adam yok. Ona göre neymiş hastalığınız?

ARGAN

Karaciğer demişti, ama başkaları dalak diyorlar.

TOINETTE

Hepsi cahil bunların: sizin hastalığınız akciğerde.

ARGAN

Akciğerde mi?

TOINETTE

Evet, ne hissediyorsunuz?

ARGAN

Arasıra başıma ağrılar giriyor.

TOINETTE

Tamam, akciğer.

ARGAN

Kimi zaman gözlerimin önünde sanki bir perde varmış gibi oluyor.

TOINETTE

Akciğer.

ARGAN

Kimi zaman da kalbim ağrıyor.

TOINETTE

Akciğer.

ARGAN

Kimi zaman her tarafım kesiliyor.

TOINETTE

Akciğer.

ARGAN

Kimi zaman da karnım sancılanıyor, kulunç varmış gibi.

TOINETTE

Akciğer. Yemeklerinizi iştahla mı yersiniz?

ARGAN

Evet, Mösyö.

TOINETTE

Akciğer. Biraz da şarap içmeği sever misiniz?

ARGAN

Evet, Mösyö.

TOINETTE

Akciğer. Yemeklerden sonra hafif bir uyku bastırır da, biraz kestirmek hoşunuza gider mi?

ARGAN

Evet, Mösyö.

TOINETTE

Akciğer, akciğer, diyorum size. Peki gıda olarak neler veriyor doktorunuz size?

ARGAN

Çorba veriyor.

TOINETTE

Cahil!

ARGAN

Tavuk eti.

TOINETTE

Cahil!

ARGAN

Dana eti.

TOINETTE

Cahil!

ARGAN

Haşlamalar.

TOINETTE

Cahil!

ARGAN

Taze yumurta.

TOINETTE

Cahil!

ARGAN

Akşamları da içimi yumuşatmak için kuru erik hoşafı.

TOINETTE

Cahil!

ARGAN

Şarabımı da çok su katarak içmemi tavsiye etti.

TOINETTE

Cahil! Kara cahil! Kapkara cahil! şarabınızı hiç su katmadan içeceksiniz; sonra, çok sulu olan kanınızı koyulaştırmak için, alâsından besli sığır eti, besli domuz eti, yağlı Hollanda peyniri, bol bol irmik ve pirinç yiyeceksiniz, pekleştirip kıvamına getirmek için de kestane ile koz helvası. Hekiminiz hayvanın biriymiş. Ben size kendi yetiştirdiğim bir hekimi göndermek istiyorum, ben de arasıra sizi görmeğe gelirim, bu şehirde kaldıkça.

ARGAN

Çok minnettar olurum.

TOINETTE

Hay Allah! siz bu kolunuzu ne yapıyorsunuz, bakayım?

ARGAN

Nasıl?

TOINETTE

Yerinizde olsam, bu kolu hemen kestirip atardım.

ARGAN

Ama, neye?

TOINETTE

Canım, bütün gıdayı kendine çekip alıyor, öbür tarafın faydalanmasına engel oluyor, görmüyor musunuz?

ARGAN

Evet, ama kolum bana lâzım.

TOINETTE

Bakın, şurada bir sağ gözünüz var, yerinizde olsam onu da çıkartırdım.

ARGAN

Gözümü çıkartmak mı?

TOINETTE

Sol gözünüzü nasıl rahatsız ettiğini, onun gıdasını aşırdığını görmüyor musunuz? İnanın bana, hemen çıkartın onu, sol gözünüzle herşeyi daha iyi görürsünüz.

ARGAN

Pek acelesi yok.

TOINETTE

Allaha ısmarladık. Sizden bu kadar çabuk ayrılmak istemezdim, ama büyük bir konsültasyonda bulunmak zorundayım, dün ölen bir adamı muayene edeceğim.

ARGAN

Dün ölen bir adamı mı?

TOINETTE

Evet, kendisini iyi etmek için neler yapılması gerekirdi, onu anlamak için. Gene görüşürüz.

ARGAN

Bilirsiniz, hastalar misafirlerini uğurlayamazlar.

BERALDE

Bu hekim çok bilgili bir adama benziyor.

ARGAN

Evet, ama biraz hızlı gidiyor.

BERALDE

Büyük hekimlerin hepsi böyledir.

ARGAN

Adama bakın, bir kolumu kesecek, bir gözümü çıkaracakmış da öbür kolum, öbür gözüm daha rahat olacakmış! Olmayıversin, efendim. Beni tek gözlü, tek kollu bırakmak için çok hoş bir ameliyat doğrusu.

XI. SAHNE

TOINETTE, ARGAN, BERALDE

TOINETTE,

Birisiyle konuşuyormuş gibi yaparak.

Hadi, hadi, güle güle, doğrusu hiç de gülecek halim yok.

ARGAN

Ne oluyor?

TOINETTE

Hiç, sizin doktor benim de nabzımı yoklamak istiyor da.

ARGAN

Hele bakın, doksan yaşında adam!

BERALDE

Ah! Kardeşim, Mösyö Purgon'la aranız açıldığına göre, size biraz da yeğenime çıkan kısmetten bahsetmemi ister misiniz?

ARGAN

Hayır, kardeşim, hayır; bana karşı geldiği için onu bir manastıra kapatacağım. Zaten bu işin içinde başka işler var, gönlü başkasında onun, gizli gizli birisiyle görüşüyormuş; ben işi anladım, ama o farkında bile değil.

BERALDE

Ne çıkar, kardeşim, bir başkasına gönlü kaydıysa, cinayet işlemedi ya? Hem namusuyla evlenecek olduktan sonra onurunuzu incitecek bir yanı var mı bu işin?

ARGAN

Ben onu bunu bilmem, kardeşim, rahibe olacak; karar verildi artık.

BERALDE

Anlaşıldı, birini sevindirmek istiyorsunuz.

ARGAN

Ne demek istediğinizi anlıyorum: dönüp dolaşıp oraya geliyorsunuz, karımla uğraşmadan rahat edemezsiniz.

BERALDE

Pek âlâ! evet, kardeşim, madem ki açık yürekle konuşuyoruz, ben de onu kastetmiştim. İnanın, sizin şu hekimlere olan düşkünlüğünüzden çok ona olan aşırı düşkünlüğünüze, size kurduğu bütün tuzaklara böyle gözü kapalı düşmenize dayanamıyorum.

TOINETTE

Aman, efendim, hanımefendiyi dilinize dolamayın. Ona söz yok, içi dışı bir kadındır o. beyefendiyi de canı gibi sever, hem nasıl sever... günahına girmeyin kadıncağızın.

ARGAN

Beni nasıl hoş tuttuğunu sorun da söylesin.

TOINETTE

Allah için, doğru.

ARGAN

Hastalığıma nasıl üzüldüğünü.

TOINETTE

Elbette.

ARGAN

Etrafımda nasıl pervane kesildiğini.

TOINETTE

Ona ne şüphe. *(Béralde'e)* Sizi inandırmak için hanımefendinin beyefendiyi nasıl sevdiğini, biraz sonra, kendi gözlerinizle size göstereyim mi, ister misiniz? *(Argan'a)* Beyefendi, müsaade edin de ne kadar yanıldığını, ne büyük bir hataya düştüğünü ona ispat edeyim.

ARGAN

Nasıl?

TOINETTE

Hanımefendi nerdeyse gelir. Siz koltuğunuza boylu boyunca uzanın, ölmüş gibi yapın. Ben kendisine kara haberi verince bakın ne hallere girecek, nasıl perişan olacak.

ARGAN

Ben razıyım.

TOINETTE

Peki, ama işi fazla uzatıp kadıncağızı ümitsizliğe düşürmeyin, yüreğine inebilir.

ARGAN

Orasını bana bırakın.

TOINETTE, *Béralde'e*

Siz, siz de şu köşeye saklanın.

ARGAN

Ölü taklidi yapmanın bir tehlikesi yok ya?

TOINETTE

Hayır, hayır: ne tehlikesi olacak? Siz yalnız boylu boyunca oraya uzanın. *(Alçak sesle.)* Kardeşinizi utandırmak çok hoş bir şey olacak. İşte, Madam geliyor. Sakın kımıldamayın.

XII. SAHNE

BELINE, TOINETTE, ARGAN, BERALDE

TOINETTE, *Yaygarayı basar.*

Aman Allahım! Ah, bu ne felâket! Ah, başımıza gelenler!

BELINE

Ne var, Toinette?

TOINETTE

Ah, Madam!

BELINE

Ne oluyor?

TOINETTE

Kocanız öldü.

BELINE

Kocam öldü mü?

TOINETTE

Ah! ne yazak ki öyle. Rahmetli merhum oldu.

BELINE

Emin misin?

TOINETTE

Elbette. Daha kimse bilmiyor başımıza geleni. Ben buradaydım, tek başıma. Beyefendi kollarımda can verdi. İşte, bakın, upuzun yatıyor iskemlesinde.

BELINE

Oooh! Allaha şükürler olsun! Ağır bir yük kalktı üstümden. Ne aptal şeysin sen de, Toinette, ne var bunda bu kadar kendini üzüp harap edecek!

TOINETTE

Ne bileyim, hanımefendiciğim, ağlamak gerekir diye düşünmüştüm de.

III. Perde, XII. Sahne, Argan (C. Gökçer) ile Béline (G. Kutlu).

BELINE

Bırak canım, değmez. Öldü de bir şey mi eksildi! sanki, ne işe yarıyordu zaten bu yeryüzünde? Kimseye rahat vermeyen, şapşal, iğrenç bir herif, karnında her zaman ya bir lavman, ya bir müshil, durmadan sümkürür, öksürür, tükürür, kuş beyinli, can sıkıcı, huysuz, herkesi daima koşturup yoran, gece gündüz hizmetçi uşak azarlayan bir mendebur!

TOINETTE

Ölenin ardından doğrusu bu kadar güzel konuşulur!

BELINE

Şimdi tasarladığım şeyleri yapmama yardım edeceksin, Toinette, hizmetinin mükâfatını göreceğinden de emin olabilirsin. Madem ki daha kimse birşey bilmiyor, onu yatağına götürüp yatıralım, ben işimi bitirinceye kadar da ölümünü gizli tutalım. Ele geçirmek istediğim senetler, paralar var, gençliğimin en güzel yıllarımı onun yanında boşuna mı harcamış olayım, bana da yazık. Gel, Toinette; önce bütün anahtarlarını alalım.

ARGAN, *Birden doğrularak*

Durun bakalım, biraz yavaş.

BELİNE, *Şaşkınlık ve korku içinde*

Ayyy!

ARGAN

Evet, karım olacak hanımefendi, demek bana olan sevginiz buymuş?

TOINETTE

Aaa, Aaa! Rahmetli ölmemiş!

ARGAN, *Çıkmakta olan Béline'e*

Beni nasıl sevdiğinizi gördüğüme, hakkımdaki güzel sözlerinizi de dinlediğime pek sevindim. İşte, bundan sonra aklımı başıma getirecek, düşündüğüm bir çok şeyleri yapmaktan beni alıkoyacak bir uyarı.

BERALDE, *Saklandığı yerden çıkarak.*

Nasılmış, kardeşim, gördünüz işte göreceğinizi.

TOINETTE

Pes doğrusu! bu kadarını hiç düşünemezdim. Durun bakayım, kızınız geliyor galiba; siz deminki halinizi alın, bakalım ölüm haberinizi o nasıl karşılayacak. Denemesini yapmak hiç de fena olmaz; nasıl olsa başladınız bir kere, ailenizin size olan duygularını öğrenmiş olursunuz böylece.

XIII. SAHNE

ANGELIQUE, ARGAN, TOINETTE, BERALDE

TOINETTE, *haykırarak*

Aman Allahım! Ah! nedir bu felâket! Ne uğursuz günmüş!

ANGELIQUE

Nen var, Toinette, neye ağlıyorsun?

TOINETTE

Ah! nasıl ağlamayayım? Ne kara haber bu!

ANGELIQUE

Aman ne oldu?

TOINETTE

Ah! sormayın! Babanız öldü.

ANGELIQUE

Babam mı öldü, Toinette?

TOINETTE

Evet, bakın, işte orada. Az önce bir fenalık geldi üzerine, aldı götürdü zavallıyı.

ANGELIQUE

Aman Allahım! ne felâket! ne büyük felâket! Ah! nedir başıma gelenler, babacığımı da mı kaybedecektim, bir o kalmıştı bu dünyada benim için, babacığım da mı elden gidecekti, hem de tam onu üzdüğüm, kızdırdığım bir sırada! Ah talihsiz başım, onu da kaybettikten sonra ben ne olurum, ne ile avunurum?

XIV. SAHNE

CLEANTE, ANGELIQUE, ARGAN, TOINETTE, BERALDE

CLEANTE

Neniz var, Angélique'ciğim, bir şey mi oldu, neye ağlıyorsunuz?

ANGELIQUE

Ah! olan bana oldu, ben ağlamayayım da kimler ağlasın, hayatta en çok sevdiğim, en değerli varlığımı kaybettim: babacığımın ölümüne ağlıyorum.

CLEANTE

Ah! ne felaket! ne beklenmedik bir kara haber! Ben de amcanızdan sizi benim için istemesini rica etmiştim, şimdi saygılarımı sunup kendimi tanıtmıya, yalvarıp yakararak gönlünü etmiye gelmiştim, sizi bana vermiye razı olsun diye.

ANGELIQUE

Ah! Cléante, artık bundan hiç söz etmeyelim. Evlenme konusunu burada bırakalım. Babamı kaybettikten sonra artık hiçbir şeyde gözüm yok, dünyadan el etek çekeceğim, büsbütün. Evet, babacığım, daha önce size karşı geldim, bari şimdi isteklerinizden birini olsun yerine getireyim de işlediğim suçu bağışlatayım, size verdiğim üzüntüyü gidermiş olayım. *(Diz çökerek.)* Size söz veriyorum babacığım, bir manastıra kapanacağım, rahibe olacağım, izin verin de, sizi kırmış olmaktan ne acı bir pişmanlık duyduğumu göstermek için, sizi son bir defa kucaklayayım.

ARGAN, *Doğrularak*

Ah! canım kızım!

ANGELIQUE, *Dehşete kapılarak*

Ayyy!

ARGAN

Gel. Korkma sakın, ölmüş değilim. Anladım ki sen benim canımsın, kanımsın, benim öz evlâdımsın, temiz bir kız olduğunu gördüğüme çok sevindim.

ANGELIQUE

Ah! babacığım, ne umulmadık, ne hoş bir olay bu! Madem ki Allah kalbime göre verdi, sizi bana bağışlayıp yüzümü güldürdü, müsaade edin de dizlerinize kapanıp bir dilekte bulunayım. Eğer gönlümün beğendiği insanla evlenmemi hoş karşılamıyor, beni Cléante'a vermek istemiyorsanız, yalvarırım, hiç olmazsa bir başkasiyle evlenmiye de zorlamayın beni. Bağışlamanızı istediğim tek şey bu.

CLEANTE, *Dizlerine kapanır.*

Ah! Efendim, kızınızın da benim de ricalarımızı ne olur hoş karşılayın, en temiz duygularla birleşmek isteyen kalblerimizin bu karşılıklı çırpınışlarına ne olur yüz çevirmeyin.

BERALDE

Yüreğiniz dayanır mı buna, kardeşim?

TOINETTE

Bunca sevgiye duygusuz kalabilir misiniz, beyefendi?

ARGAN

Hekim olsun, evlenmelerine razı olayım. *(Cléante'a)* Evet, hekim olursanız kızımı size veririm.

CLEANTE

Seve seve; damadınız olmanın şartı bundan ibaretse hekim oldum gitti, hatta, isterseniz, eczacı bile olurum. Benim için bunlar işten değil, güzel Angélique'i alabilmek için daha neler, neler yapardım.

BERALDE

Dur, kardeşim, aklıma başka bir şey geldi. Siz, kendiniz doktor olsanıza. Çok daha rahat ederdiniz, aradığınız herşeyi kendinizde bulmuş olurdunuz.

TOINETTE

Çok doğru; işte sizi çabucak iyi etmenin en kestirme yolu; hangi hastalığın haddine düşmüş bir hekime karşı direnmek.

ARGAN

Kardeşim, siz benimle alay ediyorsunuz galiba: ben yeniden okuyup öğrenecek yaşta mıyım?

BERALDE

Okuyup öğrenmek de neymiş! Bildikleriniz yeter; hekimlerin içinde sizin kadar da bilgili olmıyanlar çoktur.

ARGAN

İyi ama lâtince konuşmak, hastalıkları tanımak, ne ilaç verileceğini bilmek lâzım.

BERALDE

Hekimlik cübbesiyle külâhını giyerken bütün bunları da öğrenirsiniz, ondan sonra bakın nasıl istediğinizden âla bilgin olursunuz.

ARGAN

Nasıl! o cübbeyi giyince insan hastalıklar üzerinde nutuk çekebiliyor demek?

BERALDE

Evet. Ağzınızı açıp konuşmak yeter; sırtta cübbe, başta külah var mı, her saçma söz bilim olur, her budalalık da hikmet.

TOINETTE

Aman, beyefendi, hiçbir şeyiniz olmasa sakalınız yeter, yeter de artar bile, sakal demek yarı hekim demektir, hatta daha fazlası.

CLEANTE

Ben kendi hesabıma herşeyi yapmıya hazırım.

BERALDE, *Argan'a*

İster misiniz bu işi çabucak halledelim?

ARGAN

Nasıl, çabucak?

BERALDE

Evet, şuracıkta, kendi evinizde.

ARGAN

Kendi evimde mi?

BERALDE

Evet. Tanıdık bir Fakülte var, biraz sonra gelirler, diploma törenini salonda yaparlar, sizin için bir masrafı da olmaz.

ARGAN

İyi ama ben ne söylerim, ne cevap veririm?

BERALDE

İki kelime ile onlar size öğretirler, ne söylemeniz gerekiyorsa onu da yazıp elinize verirler. Hadi, siz gidin de şöyle usturuplu bir biçimde giyinin, kuşanın, ben de adam gönderip onları çağırtayım.

ARGAN

Pekâla, görelim bakalım.

CLEANTE

Affedersiniz, ama şu tanıdık Fakülte sözünü anlıyamadım, bununla ne demek istediniz?

TOINETTE

Sahi, maksadınız ne?

BERALDE

Bu akşam hep beraber biraz eğlenmek. Oyuncular bir hekimin diploma törenini danslı, müzikli bir ara oyunu haline getirmişler; bu oyuna hep birlikte katılmanızı, eğlenmemizi istiyorum, kardeşimin de baş rolü oynamasını.

ANGELIQUE

Bana öyle geliyor ki, amcacığım, siz babamla biraz fazla alay ediyorsunuz.

BERALDE

Yoo, kızım, babanın huyuna suyuna göre gitmek onunla alay etmek sayılmaz. Hem bütün bunlar aramızda olacak, kendi kendimize eğleneceğiz. Hatta hepimiz bir rol alıp birbirimizi seyredebiliriz. Karnaval zamanı böyle şeyler hoş görülür. Hadi gidelim, herşeyi çabucak hazırlıyalım.

CLEANTE, *Angélique'e*

Razı mısınız?

ANGELIQUE

Peki, elebaşılık eden amcam olduktan sonra, elbette.

ÜÇÜNCÜ PERDENİN SONU

ARAOYUNU

Hekimlik payesi verilen bir adamın sözlü, şarkılı, danslı güldürücü bir hekim olma törenidir bu.

BALE GİRİŞİ

Birçok döşemeci, ritimli hareketlerle, salonu hazırlamaya, sıraları yerleştirmeğe gelirler. Bu iş bittikten sonra bütün topluluk, (sekiz şırıngacı, altı eczacı, yirmi iki hekim, hekimlik payesi alacak kişi, dans eden sekiz cerrahla şarkı söyleyen iki cerrah) sahneye girerler, hepsi sıralarına göre, yerlerini alırlar.

BAŞKAN

(Mösyö Purgon)

Ey! Bilginler bilgini *doctores,*
Hekimler hekimi *professores,*
Toplantımıza onur verenler,
Ve siz öteki pek sayın baylar,
Fakültemizin kararlarını
Harfi harfine uygulayanlar,
Siz cerrahlar ve siz eczacılar,
Bu topluluğa girmiş olanlar
Selâm, saygılar ve bol *kısmetum,*
Hepinize *bonum appetitum,*
Yâni, afiyet olsun diyorum.

Bilgin Meslekdaşlarım,
Ne güzeldir, ne parlak
Bir buluştur bu sanat,
Hekimlik mesleğimiz,
Altın bileziğimiz.
Değer bütün bir hayat,
Biz ona hayran olsak;
Tatlıdır, rahat şeydir,
Şu mübarek hekimlik,
Adını anmak bile
Mucizeler yaratır,
Her çeşitten insanı,
Nice yıllardanberi
Gül gibi de yaşatır.

Bu yeryüzünde bizler,
En ünlü kişileriz,
Fakiri, zengini de
Bizden ayrılamıyor:
Bütün dünya koşuyor bir ilâcın peşinde,
Tanrı gibi görüyor
Bizi Krallar bile,
Hepsi de başeğiyor reçetelerimize.

Sayın Meslekdaşlarım,
Bunca şanı, şerefi,
Bize olan güveni,
Bilgece davranarak
ve bütün gücümüzü
Sağduyudan alarak
Korumak zorundayız.
Ve bunun içindir ki
Topluluğumuzdaki
Bu şerefli yerleri

Dolduracak değerde
Ve üstün yetenekte,
Bilgili kişileri,
Yalnız böylelerini
Aramıza almıya
Çok dikkat etmeliyiz.

Pek sayın üstadlarım,
Şimdi sizi buraya
Bu amaçla çağırdım.
Karşınızdaki baya
Bazı sorular sorun,
Bilgisini yoklayın,
Hekimlik mesleğine,
Aramıza girmeğe
Layık mı, değil midir,
Lütfen bir karar verin

BİRİNCİ HEKİM
(Mösyö Diafoirus)

Pek sayın Başkanımız,
Ve siz, bilgin hekimler,
Müsaade ederseniz,
Pek sevdiğim, saydığım
Öğrenciye sorayım:
Afyon neden uyutur?

ÖĞRENCİ
(Argan)

Şu bilgin hekim bana,
Afyon neden uyutur?
Diye bir soru sordu.
İşte cevabım şudur:

Afyon uyutur, çünkü
Afyon denen bitkinin
Hissi uyuşturucu
Bir özelliği vardır.

KORO

Güzel, güzel, güzel, güzel cevap verdi
Lâyıktır, layık girmeğe
Biz, bilginler topluluğuna,
Güzel, güzel cevap verdi.

Bene, bene, bene, bene respondere,
Dignus, dignus est entrare
In nostro docto corpore.
Bene, bene respondere

İKİNCİ HEKİM
(Béralde)

Sayın Başkanımızın, bilgin Fakültemizin
Ve törene katılan
Meslekdaşlarımızın
Müsaadeleriyle
Ben şunu soracağım, bilgin öğrencimize,
Hydropisie denilen
Hastalığa acaba
Hangi ilâcı verip
Nasıl iyi etmeli?

ÖĞRENCİ

Önce lavman yapmalı,
Sonra bol kan almalı,
Ve de müshil vermeli.

KORO

Güzel, güzel, güzel, güzel cevap verdi.
Lâyıktır, layık girmeğe
Biz bilginler topluluğuna.

Bene, bene, bene, bene respondere,
Dignus, dignus est entrare
İn nostro docto corpore.

ÜÇÜNCÜ HEKİM

(Toinette)

Pek Sayın Başkanımız, çok bilgin Fakültemiz,
Ve burada bulunan
Seçkin topluluğumuz,
Uygun görüyorsanız
Ben de şunu sorayım, bilgin öğrencimize,
Ateşi hiç düşmeyen,
Nefes darlığı çeken,
Veremli hastalara
Ne ilaçlar vermeli?

ÖĞRENCİ

Önce lavman yapmalı,
Sonra bol kan almalı,
Ve de müshil vermeli.

KORO

Güzel, güzel, güzel, güzel cevap verdi
Lâyıktır, lâyık girmeğe
Biz bilginler topluluğuna.

Bene, bene, bene, bene respondere:
Dignus, dignus est entrare
İn nostro docto corpore.

DÖRDÜNCÜ HEKİM
(Cléante)

Bilgili öğrencimiz,
Kendisine sorulan hastalıklar üstüne
Harikalar söyledi, ama, sayın Başkanı,
Bilgin Fakültemizi
Ve bizleri dinleyen
Sayın meslekdaşları
Fazla sıkmış olmazsam,
Ona bir tek sorum var:
Dün ateşli bir hasta
Düştü benim elime;
Sık sık nöbet geliyor, başı müthiş ağrıyor
Kaburgası sızlıyor,
Rahat nefes almakta
Çok zorluk çekiyordu.
Lütfen söyler misiniz,
Bilgili öğrencimiz,
Bu hastaya acaba,
Ne yapmak gerekirdi?

ÖĞRENCİ

Önce lavman yapmalı,
Sonra bol kan almalı,
Ve de müshil vermeli.

BEŞİNCİ HEKİM
(Thomas Diafoirus)

Peki ama hastalık,
Biraz da inatçılık
Eder, iyi olmasza,
Ne yapmalı acaba?

ÖĞRENCİ

Kan almıya, müshile
Ve de lavmana devam.
Fakültemize selam.

KORO

Güzel, güzel, güzel, güzel cevap verdi.
Lâyıktır, lâyık girmeğe
Biz bilginler topluluğuna.

Bene, bene, bene, bene respondere.
Dignus, dignus est entrare
İn nostro docto corpore.

BAŞKAN

Fakültenin her emrine,
Tüzüklerin gereğine,
Akıllıca davranarak,
Her zaman uyacağına
Şimdi yemin eder misin?

ÖĞRENCİ

Yemin ederim.

BAŞKAN

Bütün konsültasyonlarda
ve bütün tedavilerde,
İyi de olsa, kötü de,
Eskilerin buyruğuna
Hep bağlı kalacağına?

ÖĞRENCİ

Yemin ederim.

BAŞKAN

Hasta, hastalığından
Çatlayıp ölse bile,
Bilgin Fakültemizin
İlaçlarından başka
İlaç kullanmamıya?

ÖĞRENCİ

Yemin ederim.

BAŞKAN

Ben de hekimlik tâcını,
Bu bilginlik külâhını,
Başına geçiriyorum,
Gücüne güç katıyorum.
Bundan böyle ruhsat sana
Hekimlik et,
Müshiller ver,
Hacamat et,
Göz, kulak del,
Kes,
Biç,
Öldür
Bu dünyada kimse senin
Kılına bile dokunamaz.

BALE GİRİŞİ

Bütün cerrahlar ve eczacılar, ritimli hareketlerle öğrencinin önüne gelir, reverans yaparak onu selamlatlar.

ÖĞRENCİ

Hekimlik denen yüce bilimin,
Râvendin ve de sinamekinin,
En büyük bilginleri,
Sizi övmeğe kalkmak,
Denize bir damla su,
Güneşe ışık katmak,
Gökyüzüne yıldızlar
Ve bahar mevsimine
Bahar eklemek kadar
Gülünç bir şey olurdu,
Hatta belki çılgınlık,
Aciz kulunuz için;
Müsaade ediniz de
Yüksek huzurunuzda
Duyduğum heyecanla
Bilgin kurulunuza
Şükranımı sunmakla
Yetineyim burada.
Doğadan, babamdan çok
Size borçluyum, size:
Doğa da, öz babam da
Beni adam ettiler;
Sizse, hekim yaptınız.
Büyük onur verdiniz,
Kalbimi fethettiniz;
İçten gelen bu duygular
Yüzyıllarca sönmeyecek.

KORO

Yaşa, yaşa, yaşa, sen çok yaşa,
Böyle güzel konuşan
Yeni hekim çok yaşa!

Binlerce, binlerce yıl yesin, içsin, yaşasın,
Hacamat etsin
Ve de öldürsün!

Vivat, vivat, vivat, vivat, cent fois vivat
Novus Doctor, qui tam bene parlat!
Mille, mille annis, et manget, et bibat
Et seignet, ot tuat!

BALE GİRİŞİ

Bütün cerrahlar ve eczacılar müzik âletlerinin, şarkı söyleyenlerin, el çırpanların ve eczacı havanlarının çıkardığı sese uyarak dans ederler.

CERRAH
(Mösyö Fleurant)

Pek bilgin hekimimiz
Bin bir reçetesinin
Dolup taşırdığını
Görsün dükkânlarını
Bütün eczacıların
Ve de biz cerrahların!

KORO

Yaşa, yaşa, yaşa, sen çok yaşa,
Böyle güzel konuşan
Yeni hekim çok yaşa!
Binlerce, binlerce yıl, yesin, içsin, yaşasın,
Hacamat etsin
Ve de öldürsün!
Vivat, vivat, vivat, vivat, cent fois vivat,
Novus Doctor, qui tam bene parlat!
Mille, mille annis, et manget, et bibat!
Et seignet, et tuat!

CERRAH

Bütün yılları
Çok iyi geçsin
Ve bereketli,
Hiç eksilmesin
Vebası, frengisi,
Humması, zatülcenbi,
Beyin kanamaları
Ve de dizanteriler.

KORO

Yaşa, yaşa, yaşa, sen çok yaşa,
Böyle güzel konuşan
Yeni hekim çok yaşa!
Binlerce, binlerce yıl yesin, içsin, yaşasın,
Hacamat etsin
Ve de öldürsün!

Vivat, vivat, vivat, vivat, cent fois vivat,
Novus Doctor, qui tam bene parlat!
Mille, mille annis, et manget, et bibat
Et seignet, et tuat!

SON BALE GİRİŞİ

Hekimler, cerrahlar ve eczacılar, törendeki sıralarına göre, sahneye girdikleri gibi çıkarlar.

SON

Final. Hastalık Hastası'*nda rolü olan bütün sanatçılar, temsil bittikten sonra, seyircileri selamlarlarken.*